备课是个技术活

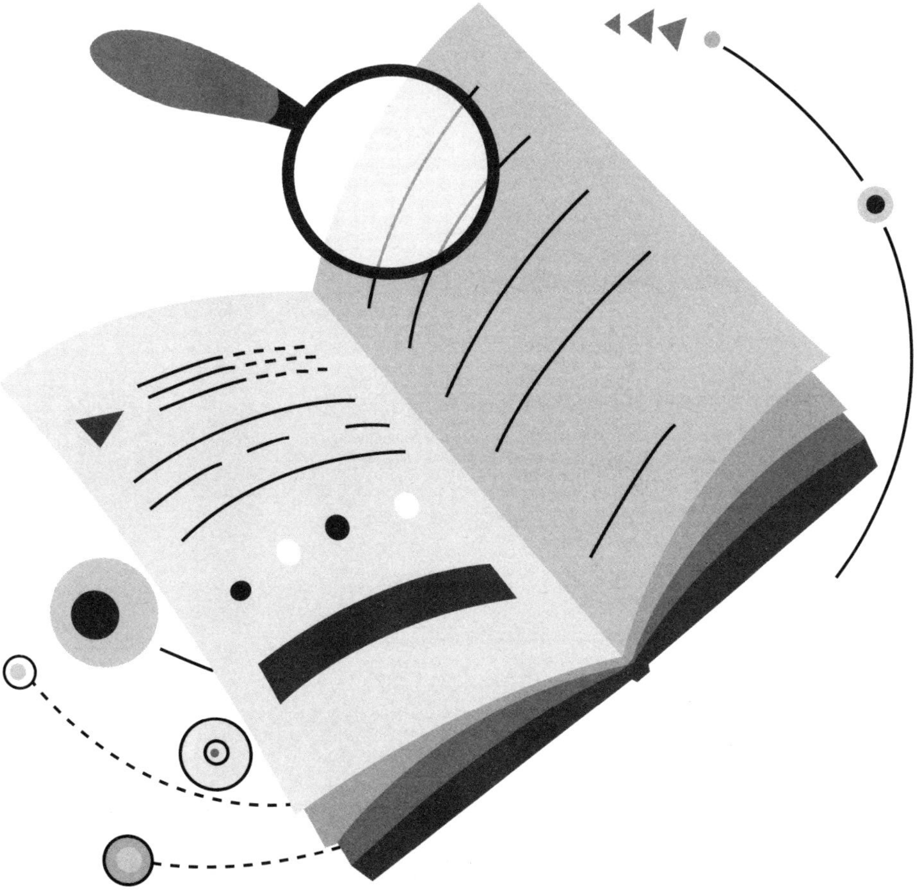

何捷 著

中国人民大学出版社
·北京·

Contents

目　录

第二章　认清写作过程，走出写作教学的误区

第三章　备出学生爱上的阅读课

第四章　备课时，请不断“蓄水”

自序

说起备课，一线教师再熟悉不过了。非要说备课是个“技术活”，恐怕会遭到质疑。因为对很多教师来说，执教两三年后，备课就逐渐成为一个不需要太多思考就能自动推进的“流程”：看看教材—翻翻教参—写写教案。

身处信息时代，我们可以请别人为自己备课，所谓的“别人”，包括骨干教师、名师，他们的备课成果唾手可得，我们可以在网络上下载；我们还可以参考各种教学资料，其中的教学设计，详细到让人咋舌，真可谓“一本在手，备课无忧”。备课，渐渐流于形式。

当然，还有很多可敬的一线教师，仍然在坚持研修备课。他们试图备出好课，因为用“别人”的教案，总上不出自己期待的效果；也因为“不备课就上课”，他们明显感觉脸红心慌，似乎对不起学生渴求进步之心。在教研活动中，经常有青年教师好奇地向我追问：“这节课，您是怎么备出来的？”

我执教近三十年，备课近三十年，很少去想“如何备课”这个问题。仔细思考之后，我发现还真有许多心得可以和大家分享。

头脑中的预演带来非凡体验

备课时，我习惯在脑海中想象教学现场，预演教学发生时的场景。教学设计初步形成后，我会思考：真要按照教学设计执行的话，学生会不会喜欢？哪个环节容易卡壳？哪个环节的教学风格可以更加活泼？哪个问题是在刁难学生？

自己备课，自己设计教学活动，自己安排教学流程，自己静静地思考、演绎，在大脑中想象教与学发生时的样子，这既是一种对教学设计的检验，更是一种享受。犹如“尝鲜”，也似“历险”。我们在头脑中进行预演之后，教学设计可以再次得到改良。

我们在备课时先大胆预设，再小心验证，让教学设计在不断演绎中趋于完善。这就是我所说的“非凡的体验”。

备课是一次好玩儿的实验

从最初的猜想，再到孕育、孵化、落地，备课就像完成一次实验。准备课件、准备教学素材、创设教学情境，这些准备工作已足够让人兴奋；付诸实践、推动进展、得出结论，当设想变成教学实践时，我们会更加欣喜。在付诸实践的过程中，我们也许会看到不同的样态、不同的结局。我们要始终牢记：实验可以重来，但学生的学习无法重来。

备课是对教师信息素养的综合考量

身处信息时代的我们，备课时可以调动整个世界的力量。我们可以阅读参考资料，了解文化背景，比对同类成果……只要肯下功夫，就没有我们找不到的信息。但要备出优质课，简单的“加法”还不够，我们不仅需要做“减法”——删除与本次教学目标无关的信息，还需要做“乘法”——统筹、搭配、融合信息。

以上阐述，实在算不上“解密”。教师只要认真备课，都能有相似的领悟。

教师的成长，有时需要经验丰富的前辈们的“当头棒喝”！在我的备课生涯中，曾经有三位前辈给我以启迪，让我的备课能力从“技”的层次，上升到“道”的层次。

我的师父于永正曾经向我展示他的教科书。书中的课文标题旁边贴着小纸条，纸条上面写着摘录自《义务教育语文课程标准》的相关内容，包括上这一课，课标中提出的相应要求是什么，也就是应该实现什么教学目标。师父告诉我：“备课，首先要明确目标。”

贾志敏老师曾教导我说：“备一节课，要先背一节课。把课文背熟了，再谈备课也不迟。”我问贾老师：“课文那么长，怎么背得下来呢？”他笑着说：“我岁数大了晚上睡不着，想着第二天要上的课，就多背一背。背着背着，就睡着了……”贾老师告诉我：“备课，讲究的是下苦功。”

支玉恒老师性格开朗，喜欢和熟悉的老师在微信上互动。他和我聊天时，总离不开教学的话题。他会在听过我的课后给我指导，讨论这节课的教学设计。我们常针对同一节课的不同上法做分析，做比较。支老师告诉我：“备课，需要教师对优质教学设计有执着追求。”

总之，学生在课堂上的收获有多少，学生是否获得了成长，学生的学习效果如何，这些很大程度上取决于教师在备课时到底做了些什么。此外，备课的核心是热爱。前辈们之所以无一例外地重视备课，是因为他们对教学始终抱有热爱。

我希望各位教师看完《备课是个技术活》后，能有点滴收获。

第一章

要让学生深度学习，教师请先深度备课

如何应对课堂教学中出现的意外

我在执教统编小学语文教科书三年级下册的寓言故事《守株待兔》时，遇到了一个很固执的“当代耕者”。

这一课的文体较特殊，教师在教学中应当完成三件事：其一，让学生熟读寓言故事并学会复述故事；其二，让学生明白寓言故事中的道理；其三，让学生在生活中加以运用。

课堂上，我创设了一个情境：一位同学偶然间押题成功，获得满分。于是，下一次考试来临之前，他不再复习，就等着继续不劳而获。

我邀请一位同学来扮演这位“当代耕者”，并让其他同学对他进行劝告，没想到意外却发生了——

有的同学告诉他，押题成功这种事是不可能再发生的，他却说：“不怕一万，只怕万一，你怎么就知道不会发生呢？也许还会发生呢？”还有的同学用“你的做法会让班级平均分受损”来劝告他，他说：“我只管自己，班级的事留给老师。”……兵来将挡，水来土掩，“当代耕者”占据上风。一时间，劝他的人竟哑口无言。

课后，观课教师在一起探讨：遇到这样的情况，教师应怎么处理？毕竟，这是教学的收尾环节，学生的表现可以直接证明教学的效果。可明摆着，这个学生的表现说明本节课效果不佳。

对于这件事，我有两个看法。

第一，这是真实生活的再现。

实际上，在现实生活中，要改变一个人的思维定式，其实并不容易，更不是“听一个故事”“来几句劝告”就能够实现的。例如，统编小学语文教科书二年级上册中的“口语交际”版块的《商量》，看起来很容易，而在真实生活中，商量有时候是“为了自己的需要而难为别人”，成功的概率并没有想象中那么高，可以说是“不如意事常八九”。所以，课堂上出现固执的“当代耕者”，是真实生活的再现。

第二，这是教学的真实再现。

我们总期待教学有好效果，总期待在课堂的结尾来个完美的收官，我们更希望用学生的表现来印证自己教学的成功。然而，教学能起到的效果，也许真的没有我们想象中那么大。并不是每一次教学，都会有完美的结果。

遇到这种情况，难道我们就束手无策了吗？我们该怎么做呢？

我给出的第一个办法：将道理“回炉”。

学生的表现说明教学效果不佳，我们可以重温故事，让学生回到故事中，再次学习故事中的道理。故事中的耕者“身为宋国笑”。我们要努力让学生理解：如果自己一意孤行，也可能成为笑料。更何况，考试中怎么可能总是出现他已经准备了的题目呢？他应该踏踏实实、认认真真地去复习。

我给出的第二个办法：换个人试试。

也许参与角色扮演的同学就是很固执，不容易在当下实现转变。那我们就换个人试试，也许能一下子峰回路转、柳暗花明，瞬间解决问题。遇到令人尴尬的情况时，教师也要灵活处理。

我给出的第三个办法：课后拓展接着聊。

课堂上暴露出的问题，是教师和学生深入学习的契机。问题就是学习的切入点。因此，我们不妨让学生将问题留到课后，他们可以展开自由讨论，还可以进行访谈、调查，展开深度的项目化学习。

有些青年教师很关心我当时是如何处理的，毕竟这个问题是我在大型公开课中，面对千余名听课教师时遇到的。我的处理方式有着一定的示范性和影响力，稍有不慎，后果十分严重。

我当时采用了比较个性化的处理方法，暂时化解了尴尬。具体做法如下。

其一，从对写作背景的拓展中实现突围。

《守株待兔》出自《韩非子·五蠹》。恰好我平时比较喜欢研读中国古代哲学，大致了解韩非的生平、思想、经历、遭遇，也对其创作《五蠹》的意图有过自觉的学习。我告诉学生，这位同学有这样的想法，我并不意外。我们劝告别人，未必都能得到良好的回应。本文的作者韩非在向君王讲述自己的政治理想、治国措施时，也不是一帆风顺的。

我顺势告诉学生，劝告不仅要有些本事，更要讲究方法；不要太直接，也不要太急躁，可以像韩非这样，用讲故事的方法温和地劝诫。但是，即便你用尽了各种方法，效果怎么样也不好说。

其二，加深对教学的理解，进行自我宽慰。

我所理解的教学，可以有也应该有多种多样的结局，学生可以有个性化的理解。最佳的课堂状态就是百花齐放，如果有一朵小花逆向生长，我会很高兴。如果学完《守株待兔》后，全体学生立刻能做到知错就改、去除侥幸心理，那人类进步的速度将是多么可怕！因此，我会允许学生缓慢变化，我会接受不同的观点，我也欣赏个性化的展示。“慢生长”并不是“不生长”，得道有先后，我会将这个结果看作是教学必经的过程。试错，就是在迈向真实的学习。

当教师的心态变得坦然时，对个性强的学生就多了一分理解，评价也会变得豁达和宽容。

其三，在对未来的展望中看到希望。

下课并不代表学习结束了，学习从来不会因为下课铃声响起而终止。我会在课外组织学生，让他们用观察与体验的结果来修正自己的认知。具体来说，我会组织学生围绕课堂上出现的问题，读读历史、聊聊现状、看看自己、想想未来。我相信，这个教学中出现的意外，会在大家不断地思考与演绎中成为可遇而不可求的教学资源。

在课堂上，学生的表现看起来是一种有意作对，实则反映了他的认知水平——学习了陈述性知识，知道了道理，但缺乏对这一道理的概念性的建构过程。当然，也说明他缺乏对世界、对未来、对生活的充分关注与思考。课后我们要鼓励学生对自己的人生有更多审视、更多规划。

教学中出现意外，青年教师不要慌乱。没有意外的课堂，也许才是不完美的，才是真正有缺憾。课堂上发生的意外，除了启发我们备课设计时考虑得更为充分外，还启发我们探求学习的真相，调整教学观念。如此，意外便具有了全新的价值。

备课时如何消除“无从下手”的恐惧

一些青年教师在备课时，总感觉无从下手，时间长了竟对备课产生了一种恐惧。恐惧的结果是直接复制别人的教案、课件。当然，很多青年教师不甘于一直这样做，试图改变并超越自我。有些青年教师在听完我的公开课后仔细追问：备这样的课，要不要参考很多资料？备这样的课，要不要事先阅读很多书？备这样的课，背后需不需要一个庞大的团队？

回答是肯定的：既要参考资料，又要读书，还要有团队。所谓“庞大的团队”，就是和我一起研修的青年教师们。每次备课，我都和团队分享，听取意见。

在我看来，每次备课都是一次“打通关”的过程。那么，到底要打通哪些关呢？

第一，要透彻了解《义务教育语文课程标准》(2022 年版)。要知道语文课究竟要教哪些内容，这个阶段的具体目标有哪些，以及本课的目标是什么。

第二，要熟读统编小学语文教科书。教科书收录了这篇课文，到底要实现什么目标？这篇课文在单元中处于什么位置，要起到哪些作用？教师要理解目标，为目标而教。

第三，要了解学情。我教的学生学情究竟是怎样的？面对这一课时，学生已有的经验和知识有哪些？全面掌握学情，教师才能做到心中有数。

第四，灵活掌握方式方法。方式方法不是独立存在的，而是要服务于目标的。教师备课时应仔细考虑：用什么样的方式方法，可以让学生更容易理解？哪些方式方法能保证教学的效果？哪些方式方法更适合当前的学生？根据目标考虑方式方法，教学效果最好。

备课就是一次针对语文课程性质以及执教细节的整体研究。有些青年教师在听完这样的解释后，继续追问：备一节课的成本实在太高了！难道每次都要这样做吗？

备好一节课确实不容易，但很容易就能做成的事，价值也就难以保证。更何况我们没有理由不认真备课就进入课堂。特别是青年教师在刚开始研究教学、关注课堂时，务必要这样做。所有力气都不会白费，你坚持这样做，情况就会发生变化，你会产生非常好的条件反射——面对一篇课文时，能快速生成应对策略，感受到《庖丁解牛》中描述的意境。魏智渊老师在《高手教师》里也对这一意境有过描述：

最终，专业赋予人以自由。

例如，我不用再去海量地翻阅资源，因为专业赋予我以审视知识或文本的框架。拿到一篇课文，教什么或怎么教，反应几乎是下意识的，并且可以在非常短的时间内，完成解读和教学设计，一般在听完一节课的过程中就准备好了。①

① 魏智渊. 高手教师 [M]. 上海：华东师范大学出版社，2021: 15.

魏智渊老师说他用了十几年时间才实现这种“专业的自由”。十余年间，他阅读了大量有关社会学、美学、课程论的图书，而换血一样的改变，则源于阅读哲学书。十余年的研修，换得他如今的坦然与淡定。

我想套用周星驰在《大话西游》中的一句台词：“如果非要给消除恐惧一个期限的话，魏智渊老师是用了十年。”我们可能需要更长的时间。

我想和大家分享一个故事。2021 年暑假，我为执教古诗《出塞》做准备。我执教古诗词的经历少，文化积淀薄，原本想用“读通读顺——翻译解释——升华中心——适度拓展”这四部曲来敷衍，但实在不忍心用粗鄙的教学荼毒生灵。然而，我自己又无计可施，所以只好求助赵志祥老师。赵志祥老师是我教研亲友团的成员。不过，赵志祥老师不会简单地告诉我该怎么做。在电话中，他先让我读一读这首诗：

出塞

［唐］王昌龄

秦时明月汉时关，
万里长征人未还。
但使龙城飞将在，
不教胡马度阴山。

我读完后，他立刻就指出我朗读中的错误：“不教”的“教”应该读成第一声。我百思不得其解，他就跟我讲了律诗中平仄出现的规律。之后，他又分别针对这首诗的意思、意义、意蕴，分享了他的古诗词教学三层解读法，简直是为我开了一扇天窗。打开这扇天窗，铺展在我眼前的是《出塞》中幽深的景致——

中国文人的头上，永远悬着一轮亘古不变的明月。这轮明月在空中明晃晃地悬挂着，从秦汉到唐宋，直到今天。好像是约定好了似的，在塞外边关，明月静静地等待着诗人，等待着我们去瞻仰、去怀想。

清瘦的诗人王昌龄来到寂静的边关。入夜，四下静谧，诗人举头望月，思绪万千。诗人虽身在唐朝，心却已借助一轮明月，飞往秦汉。诗人在恍惚中看见一个个义无反顾地出征的将士的背影，谁都不曾料到，前方是浩瀚的沙漠，还有未知的血战。诗人心头一紧，大声呼喊："但使龙城飞将在，不教胡马度阴山。"原来，那是一个有着爱国情怀的人在来到边关时，内心的期盼啊。

赵志祥老师不需要查阅资料，就能在电话中指导我备课。他达到了一种"专业的自由"。他还提醒我："去寻找诗人，在他那里，藏着解读的秘密。"

每一首诗和诗人之间，都有说不清道不明的千丝万缕的关系。王昌龄在《诗格》中说，"诗有三境：一曰物境，二曰情境，三曰意境"。而意境就是指诗歌描绘的图景与表现的情感融为一体，形成了一种审美境界，给读者留下了深刻印象。意境可以是读完一首诗后的遐想，可以是看完一场电影，走出影院之后的回味。它犹如花中之蜜，水中之盐，需要我们慢慢品味。所以，我们读完一首诗，能在时隔千年之后，在心中升腾起怀念、惆怅、愤慨、希望……那么，哪个意境更契合诗歌的内隐意蕴？我们只要考量一下诗人写这首诗的背景，便能带着学生做出更准确的判断。

赵志祥老师继续提醒我："做好诗的拓展与关联。"同样是边塞诗，王昌龄的诗和别人的诗有什么不同？教师应在这种相互对照中，带着学生继续探索诗歌学习中更大的妙趣。

通话快要结束时，赵志祥老师郑重提醒我："平时要多读书，少做一些讨巧的事。"例如，巧妙地用这种方法或那种方法执教；巧妙地借助这个资源或那个资源让课堂变得喧闹；巧妙地用这个技巧或那个技巧逗弄学生……他说："这些缺乏理性光芒的事情少做为妙。"师兄的话，和约翰·洛克（John Locke）在《教育漫话》中说的话如出一辙。

这就是我和大家分享的备课故事。在赵志祥老师的指导下，我对《出塞》进行了深度备课。整个备课过程就是一种研修。备完一首《出塞》，我对古诗词教学有了更深的领悟。

备
课

低年段课文怎么教，才能既不流于形式，又指向核心素养

低年段课文怎么教，才能既不流于形式，又指向核心素养？我以统编小学语文教科书二年级下册《雷雨》为例，谈一谈备课与教学设计中的要点。

雷雨

满天的乌云，黑沉沉地压下来。树上的叶子一动不动，蝉一声也不出。

忽然一阵大风，吹得树枝乱摆。一只蜘蛛从网上垂下来，逃走了。

闪电越来越亮，雷声越来越响。

哗，哗，哗，雨下起来了。

雨越下越大。往窗外望去，树啊，房子啊，都看不清了。

渐渐地，渐渐地，雷声小了，雨声也小了。

天亮起来了。打开窗户，清新的空气迎面扑来。

雨停了。太阳出来了。一条彩虹挂在天空。蝉叫了。蜘蛛又坐在网上。池塘里水满了，青蛙也叫起来了。

这篇短小的文章共有 8 个自然段，按照雷雨来临之前、雷雨来临

之时以及雨停之后的顺序，描述了雷雨发生的全过程。读者可以从文字中看见瞬息万变的绮丽景色。8 个自然段是如何安排的呢？前面 3 个自然段写雷雨来临之前，景物多、变化快，如：乌云压下来，树枝乱摆，蜘蛛逃走，蝉一声不出，闪电亮起来，雷声响起来……之后的 4 个自然段写雷雨来临之时，依然是景物多、变化快，如：雨越下越大，看不清树和房屋，之后雷声变小，雨变小，天亮了起来，空气变得清新……只有最后一个自然段写雨停之后，但写的内容很丰富：雨停了，太阳出来了，彩虹挂在天上，蜘蛛回来了，池水满了，青蛙叫了……

本文的写作顺序十分清晰，学生很容易就可以解决课后的核心练习——“说说雷雨前、雷雨中和雷雨后景色的变化”。但正是因为这个问题解决起来十分容易，一些教师在设计与执教过程中，很容易流于形式。例如，本节课常见的上法：第一步，让学生朗读课文，将文章分成三个部分；第二步，理解字词，进行朗读指导；第三步，总结全文，再次强调作者的观察和写作顺序。

重复演绎课文的内容，强调那些从文字表面“一望便知”的结果，难道就是低年段教学的样板？当然不是，低年段教学也要指向高阶思维，我们要努力让学生在学习的开始阶段，就感受到学习的真正乐趣，探索文字背后的思维秘密。

我们必须考虑这些问题：作者写了雷雨来临之前、雷雨来临之时以及雨停之后，这背后藏着什么规律？学生在学习完本课后，要发展什么样的思维，形成什么样的素养？

我们一起来看看课文。在雷雨来临之前，作者观察到了乌云、树叶、风、蜘蛛、闪电和雷声。这些事物的变化来得又快又急，因此，作者用非常简短的文字快速呈现。每个自然段中，少则一句话，多则两句话，简单明快。作者为什么这样写？因为变化太多、太快，不这样写，记不过来。如此，文字背后藏着的写作秘密便暴露无遗了。我们在教授这部分内容时，应该让学生感受并发现这一特点。

雨停之后，作者写了很多东西，包括太阳、彩虹、蝉、蜘蛛、池水、青蛙，但却只用了一段话。我们一定要带领学生多读几遍，让学生感受到文字中的温情及缓慢的节奏。

这样的变化规律背后，藏着怎样的写作密码呢？

其一，作者的观察是有序的，作者是按照时间顺序来写的。

其二，从前面七个自然段中，我们能发现作者的观察习惯。他几乎是看到什么就记录什么，努力捕捉所有变化。

其三，同样是观察，心情决定结果。心情舒畅了，写出的文字就会更加顺畅、从容。作者在描写雨停后的场景时，进行了缓慢的、全景式的“扫描”，用美丽如画的文字有条不紊地将眼前的景色描述出来。作者使用了短小、单一、简单的句子及“出来”“挂”“叫”“满”等几个虽普通但十分精准的动词，将看似静态的画面写出了几分动感，呈现出雨后静谧、和谐的优美景色。

那么，这些解读结果，如何转化为教学设计呢？如何设计才能让低年段学生体会到这些妙不可言之处呢？具体分为三步。

第一步，从助学系统入手。

我们可以直接从课后练习入手，让学生通过自由阅读，大致了解课文结构，做好雷雨前、雷雨中、雷雨后的内容区分。

第二步，三步走，深入学。

所谓“三步走”，就是教学中的三个操作步骤：检索—聚焦—朗读。

检索：寻找在雷雨前后，作者都写了些什么。

聚焦：在检索的基础上，关注作者写得如何。例如，通过理解、欣赏“压”“垂”等关键字词，感受景物描写的生动、真切。

朗读：毋庸置疑，在低年段语文学习中朗读是重点。朗读除了可以培养语感，让学生以语文的方式爱上语文之外，还能帮助学生发现作者写了什么，写得怎么样。很多句子，读一读，意思便很明显。

经过这三步，学生对“写了什么”“写得如何”的理解层层深入。

第三步，整理归纳。

学生在把握基本信息之后，还要对所学的内容进行整理、归纳，这是学习的重要环节，也是思维提升的需要。

归纳的步骤如下。第一，再次理清顺序，这很容易完成。第二，寻找规律。教师可以引导学生去发现：雷雨前，作者写的景物多，景物变化快；雷雨中，作者依然延续之前的写作节奏；雷雨后，作者写的景物依然很多，但是句子的节奏缓和，没那么匆忙了。

在总结归纳“雷雨后”的片段时，教师可以让学生结合生活经验去体会、感受，以加深理解。例如，我们在生活中也遇见过雷雨，当黑沉沉的乌云散去之后，当如注的暴雨停息之后，我们看到天边的彩虹、听到耳边的蝉鸣时会有什么样的心情呢？让学生感受作者在写作时的心境，有助于学生更好地理解文本。

这篇课文虽然简单，但深度备课一样能带来深度学习。低年段语文学习要坚持培养学生的思维习惯和不断深入学习的意识，不能仅在字面上打转。我们应该带着学生深入文字背后，去还原作者的写作实景，去发现作者当时是如何观察的，领会作者要通过文字，传递出怎样的信息。

每一节课，都应有一处“精加工”的教学设计

我们在备课时，有一个管用的“方法论”——“宁凿一口井，不挖十条沟。”意思就是，在每一节课中，至少有一处教学要对文本进行“精加工”，做到深入、细致。

为什么非要有精加工的教学设计呢？

首先，“深挖一口井”的意义，超出你的想象。

若每一处都平均用力，这里教一点儿，那里教一点儿，看起来教师很用心、很细致，可是所有教学内容都如蜻蜓点水，学生只能形成短时记忆。而我们知道，只有形成长时记忆，学生才能将所学知识内化并将其纳入自己的认知系统。

其次，只有教师“深挖一口井”，学生才能学会迁移。

教师有了精加工的教学设计，学生更容易形成迁移，未来在相同的情境中可以使用学到的方法。实现了迁移，才说明学习真正发生了。如果教师教得不到位、不深入，学生学得一知半解，便无法迁移。

第三，教师“深挖一口井”，为的是让学生喝到甜水。

若每一节课都有一处能留在学生记忆深处的、值得回味的教学细节，语文课就会变得更有滋味、更有嚼劲。

当前语文课存在三种“鸡肋”式教法。有些老师认为，只要学生

多读就能学好语文；有些老师用练习填充课堂，进行所谓的“扎扎实实”的训练；有些老师偏爱“能言善辩”的学生，把学生的学舌、讨巧当作教育的优质效果。“精加工”的教学设计可以减少这三种“鸡肋”式教法。

我曾与青年教师备课统编小学语文教科书三年级下册的《慢性子裁缝和急性子顾客》，课文的第二自然段里有一处省略号，我将此处进行了“精加工”。我们先看看这部分内容：

故事发生在冬天。裁缝店里走进一位顾客。

顾客把一卷布料放到桌上，对裁缝说：“我想做件棉袄。我已经跑了三家裁缝店了。第一家说要到秋天才能做好。第二家问我有没有等到夏天的耐心。第三位师傅倒是强些，但他最早也要到开春才能交货。我可等不及，都没让他们做。告诉您，我和别的顾客不一样，我是个性子最急的顾客。请问师傅，您准备让我什么时候来取衣服——秋天？夏天？春天？……”

我在教学中，是这样引导学生领会省略号的作用的：

师：急性子顾客说“秋天？夏天？春天？……”，这里用了一个省略号，如果我们将省略号后面的内容补充出来，会是什么呢？

生：不知道，应该没有了吧。

师：想一想，一年有几个季节？

生：四个。哦，我懂了，估计省略的是“冬天”。

师：这位顾客是急性子，估计等不了那么久。再想一想，一个季节有几个月？

生：我明白了，这里可能省略的是："三个月？两个月？一个月？"急性子顾客步步紧逼，很着急。

师：确实够着急的，但还不够，一个月有几周？

生：我懂了，这里可能省略的是："四个星期？三个星期？两个星期？一个星期？"

师：继续，我相信依照你对急性子顾客的了解，你应该知道，按照他的性子，他还会追问下去。

生：明白了，他还会追问："七天？六天？五天？四天？三天？两天？明天就来？哦，不，我等下就来取。"

师：嗯，真是个急性子的顾客啊！

这个"精加工"的设计，在整节课中掀起了一个小高潮，同时也给学生留下了难忘的印象。在创作童话故事时，不少学生能自觉地使用这样反复的、递进的表述方式。优质的教学效果是如何产生的呢？这一环节的教学，到底有什么特别之处呢？

其一，情景编码更容易让学生产生长时记忆

"情景编码"是指将一个刺激或事件与人们在生活中熟悉的情景绑定在一起，使其成为一个完整的记忆表征。"情景编码"可以让学生在学习中产生难以磨灭的印象。

在上面这个教学片段中，教师将一年有四个季节、一个季节有三个月、一个月有四周、一周有七天等我们在生活中熟悉的内容，与学生的想象产生关联。同时，在表述时，不断刺激学生思考、回忆。在

多次学习实践中，在多种情景的共同刺激下，学生将急性子顾客的急性子与日常生活产生了关联，形成了具体的感受，这样的记忆更加深刻，这样形成的表达模板，容易内化为学生自己的表达句式。

运用情景编码进行教学，最佳的方案是刺激学生的视觉、听觉，同时联系一定的时空背景等信息。与仅仅接受和强化由他人灌输的信息相比，情景编码更容易让学生产生长时记忆。

其二，这是学生的主动生成

人的大脑更容易记住那些自己主动提取或生成的信息。因此，与教师直接讲述相比，学生通过主动参与获得的学习结果更为有效。

在上面这个教学片段中，教师特别注重对三年级学生进行启发式教育。即便教师心中已有完整的、一步到位的答案，但依然给学生提示，让学生经由提示去发现、去表达。学生在多次表达后，捕捉到了规律，取得了让自己惊喜的学习成果。同时，这种短促、快捷的互动问答方式，加快了课堂节奏，让学生学习时的成就感较强。

其三，这是对“结构图式”的建设

爱德华·E. 史密斯（Edward E. Smith）和斯蒂芬·M. 科斯林（Stephen M. Kosslyn）在合著的《认知心理学：心智与脑》一书中，用一个生动的例子解释了“结构图式”这一认知心理学上的专业术语。例如，一个生日聚会是一个图式，该图式中应该包括客人、礼物和蛋糕；图示的结构是客人送礼物给寿星，然后所有人一起吃蛋糕。生日聚会的图式提供了有关生日蛋糕的背景知识，因此当你看见一块蛋糕时，有关生日聚会的全部图式就会被激活。这样，你就可以理解：为什么蛋糕总是出现在生日聚会中。原因很简单，因为在你的心里，就存着这样一个图式。

在上面这个教学片段中，教师建设了“瞄准特点，反复叠加”的图式，并通过这一图式让学生在学习中形成了难以磨灭的认识。在类似的表达情境中，学生很容易激活这一图式，并使用图式中的“原型”，组合、加工、创造、生成新的学习结果。

以上三点带给广大教师的启示是，在教学中，我们应遵循一种“算法”。我们可以将“算法”理解为一种程序，一个可供执行的操作流程。“算法”确保着这样一种结果——当我们输入设定的程序，进行完一定的教学流程后，可以保证产生预期的结果。最为大众熟知的“算法”就是菜谱。例如，我们准备好食材，经过一系列的操作流程后，就能得到美味的西红柿炒鸡蛋。学习当然比制作西红柿炒鸡蛋复杂很多。但是，让学生学有所成，确保学生取得预期的学习结果，在类似的情境中能迁移之前所学的知识，能用正确的方法解决相似的问题，语文教师确实需要一些方法。

课堂教学遭遇冷场时，用三招打开学生的思路

在异地执教公开课，若遇到学生端坐着不动，不回答问题，我们该怎么办呢？要知道，在众目睽睽之下，教案无法临时调整，课件无法临时更改，再灵活的人，也会觉得局促不安，困顿尴尬。

有没有及时救场的简便操作方法呢？我曾在多次公开课上遭遇冷场，我总结的三招能在教学环节无法改变的前提下，快速破冰，打开局面。

第一招：问题开放，答案多样

课堂上出现冷场，很多时候是因为教师没有站在学生的立场上，没有充分考虑学情。若教师提出的问题过深、过难，学生一下子很难回答。而很多课堂教学都是从提问开始的，冷场在课堂的一开始就出现了，然后课堂一直“冷下去”。为了避免出现这样的状况，我们应该让问题更加开放，让问题的答案更加丰富多彩，让处于不同思维层次的学生都可以表达，都有话可说。

例如，执教统编小学语文教科书五年级下册的《刷子李》时，教师可以在课堂的一开始就提出一个特别开放的问题：刷子李究竟是个

什么样的人？学生的回答也许是多种多样的：有人会说他是一个技艺高超的人，有人会说他是一个做事很认真的人，有人会说他是一个很奇怪的人……学生从不同的角度理解和关注文章的内容，教师都应鼓励。

倘若教师心中只记得一个答案——刷子李是一个技艺高超的粉刷匠，只要这个答案不出现，教师就一直“逼问”，那么课堂就会冷场。开放的问题，多样的答案，可以让课堂变得活跃，同时也考验着教师的教育观。

第二招：示范朗读，方法多样

课堂上出现冷场，很可能是因为学生对文本感到陌生。文本读不熟，内容都没有搞清楚，自然无法融入；读得少，一知半解，自然难以回答老师的问题；读不透，好像懂一点儿，但讲又讲不清楚，更无法分析，无从理解……

若学生出现这种说不下去、讲不清楚的情况，我们不如转换思路，让学生回到文本，通过朗读来化解冷场。正所谓“读书百遍，其义自见”，很神奇的是，学生说不清、道不明的地方，多读几遍，也许就能弄明白、说清楚它的意思了。

但我们不能机械地让学生“一直读”，那样也会造成教学形式的单一化，这是另一种“冷场”。我们可以用最为传统的示范朗读来暖场。具体来说，可以从以下三个方面入手。

第一，关键词句，凸显读。教师应着重示范朗读那些能凸显情感、表现核心意思的语句。例如，《刷子李》中有一句“刷子李专干粉刷这一行”。教师在示范朗读时，可以突出“专干”这个词。这样，学生很容易觉察出刷子李的纯粹、敬业、执着，理解其粉刷技艺高超的原因。

第二，如临其境，展演读。我们在朗读有些语句时，可以做一些动作，让学生一边听、一边看、一边模仿，如临现场，视觉体验和心理体验同时被激活。

例如，《刷子李》中有描写刷子李粉刷动作的词句“手臂悠然摆来，悠然摆去”。教师可以一边放缓朗读节奏，一边缓慢挥舞手臂，做出粉刷屋顶的姿态，让学生通过耳听、眼见，产生心灵共鸣。

第三，聚焦对比，区别读。我们可以对重点语句进行对比朗读。例如，《刷子李》中有一处描写了刷子李粉刷后的效果：“刷过去的墙面，真好比平平整整打开一面雪白的屏障”。很多学生在朗读“平平整整”四个字时没有调整语速，和全句混在一起。教师可以先模仿学生的语速，匀速朗读；再进行变速朗读，朗读“平平整整”四个字时放缓语速，一字一顿，让学生感受“打开一面雪白的屏障”的过程。对比后，效果立刻显现，学生很容易理解刷子李粉刷之后，能让人产生“单坐着，就如同神仙一般快活”的感觉。

示范朗读其实是每一位一线教师的基本功，也是打开学生思路的敲门砖。

第三招：合作学习，协同完成

课堂上出现冷场，很可能是因为学生无法单独完成任务。如果“一个人不行”，那最好的办法就是“大家一起来”。我们可以组织学生合作学习，共同解决问题。

例如，在《刷子李》这一课中，有一句话是“行外的没见过的不信，行内的生气愣说不信”。我们可以让学生思考：这句话是对刷子李的好评吗？若请学生单独回答，可能会遭遇冷场。学生也许只能做出简单的判断，无法说清原因。此时，教师可以组织学生针对这一句进行合作学习——模拟演绎几个粉刷匠在背后议论刷子李的场景。学生借助场景表演，可以加深体会，打开思路，促进理解。

组织学生进行合作学习时，我们可以使用以下操作步骤。

第一步，让志同道合者组成团队。将关心同一话题或持相似观点的学生组成一个小组。

第二步，学生自由发言，展开“头脑风暴”。既然是合作学习，就不要限制学生的发言。在整个合作过程中，教师应用心倾听，从“等待标准答案”的僵化思路中跳脱出来，真诚关注学生的思维变化。即便学生的方向有错误，回答不着边际，也是给教师一个梳理、总结、思考的机会。

第三步，协助梳理。我们要在学生合作学习的基础上，基于学生的回答，梳理出这一话题的答案。

希望以上三招，能够帮助一线教师在最短的时间内，在无法临时改变教学设计的情况下，实现破冰。

莫以“积极发言”的名义，妨碍“高阶思维”的生成

我在祝新华教授所著的《促进学习的语文评估：基本理念与策略》一书中，读到一组数据。一项针对我国某个城市 24 位小学教师的调查发现，教师在课堂上提问之后，等待学生回答的时间短到让人惊讶，教师的候答时间平均仅为 1.74 秒。[①]

有意思的是，很多教师一直在鼓励学生“积极发言”。乍一看，鼓励“积极发言”没有错。但谁都没有想到，在“积极发言”的刺激下，学生不假思索地举手，教师也被这样的节奏和气氛“宠坏”，设计的问题越来越简单。我们在不少课堂上看到，老师的提问都比较简单，例如：“你找到某某了吗？”“你发现某段写了某个内容吗？”“你发现在某处的某个描写了吗？”

这样做的后果是，学生越来越懒得思考，越来越喜欢在文中捡现成的答案。部分教师也试图提出需要深度思考的问题，但这些问题又成为优等生的专利。在“积极发言”的鼓励下，优等生对问题的围猎也相当积极，直接让“其他同学”成为不需要思考的观众。长此以往，课堂上能思考的学生越来越少。

① 祝新华. 促进学习的语文评估：基本理念与策略 [M]. 北京：人民教育出版社，2014: 201.

什么样的问题是好问题？问题本身有没有优劣之分？什么样的问题可以提升学生的思维水平？祝新华教授在《促进学习的语文评估：基本理念与策略》一书中，介绍了国外学者提出的四个认知水平的问题分类。

水平 1：低层次聚敛性问题。这类问题要求学生进行复制性思考、回忆或认识信息，强调记忆和观察，相当于本杰明 · 布卢姆（Benjamin Bloom）的教育目标分类法中的“识记”。

水平 2：高层次聚敛性问题。这类问题要求学生进行初步的创造性思考，通过组织材料来展示对材料的理解，并把所学加以应用，相当于本杰明 · 布卢姆的教育目标分类法中的“理解”和“应用”。

水平 3：低层次扩散性问题。这类问题要求学生对内容进行批判性思考，例如，分析信息以找出原因、得出结论、做出概括、找出论据以支持观点，相当于本杰明 · 布卢姆的教育目标分类法中的“分析”。

水平 4：高层次扩散性问题。这类问题要求学生有原创性和评价性思考，能做出预测，解决现实问题，进行有独创性的交流，对各种想法、信息、行为和审美表达做出判断，相当于本杰明 · 布卢姆的教育目标分类法中的“综合”和“评价”。[①]

低层次聚敛性问题聚焦“既定的事实”，不涉及对文本的进一步理解，停留在本杰明 · 布卢姆的教育目标分类法中的“识记”层次。回答这类问题时，学生需要复述或抄录词句，指出并回忆明显的事实。学生之所以能“积极发言”，是因为他们大多不需要“过脑”，只需要快速做出条件反射即可。

① 祝新华. 促进学习的语文评估：基本理念与策略 [M]. 北京：人民教育出版社，2014：191.

学生在回答高层次问题时必定要动用高阶思维。所谓“高阶思维”，就是学生在分析、综合的基础上，不断深入探讨问题，加深对问题的理解。高层次问题处于本杰明·布卢姆的教育目标分类法中的理解、应用、分析、综合、评价层次，与之相伴的学习活动为分析、加工、比对、分类、鉴定、引申等。

如何让“积极发言”变为“积极思考”？如何减少低层次聚敛性问题，增加高层次问题？以下三种思路供大家参考。

思路一：基于目标，设定“统帅性”问题

我们每上一节课，都要努力提出一个上位的、能够统领全课学习的问题。这个问题，犹如牵住牛鼻子的绳子，可以让“教”与“学”的活动有序地展开。这个问题必须精准且专一地指向教学目标，服务于本次学习最核心的目的。

我以统编小学语文教科书五年级下册的《自相矛盾》为例进行说明。本单元的教学目标为“了解人物的思维过程，加深对课文内容的理解”。探寻人物的思维过程，正是本课学习的难点，也是我们必须解决的问题。因此，教学时我们可以提出一个统帅全文的问题：“在《自相矛盾》这个故事中，那个卖矛和盾的人，到底错在了哪里？”

这个问题将引导学生探究这个人究竟在哪个环节出了问题，应该如何修正。通过探究，学生将弄清楚造成尴尬结局的原因。

思路二：分解设计，预设“辅佐性”问题

我们可以将统帅性问题分解成一个又一个阶梯式、辅佐性的问题。学生通过这些问题逐渐接近真相，最终解决统帅性问题。

例如，教师可以让学生分析卖矛和盾的人心里是怎么想的，可以让学生分析围观的人心里是怎么想的，还可以让学生思考造成这一结果的根源是什么。这些辅佐性问题都涉及核心问题，且各个问题之间有所关联。学生对这些问题的答案展开综合分析后，核心问题的答案便逐步明朗。

要注意的是，辅佐性问题要由易到难，逐步提升学生的思维水平，不断帮助学生完成学习目标。

思路三：营造氛围，设计具有“普适性”的问题

学习需要精神支持，讲究情绪体验。让思维主导课堂，并不是让课堂冷冰冰、硬邦邦、静悄悄。提问时我们还需要照顾到不同的学情，努力营造愉悦的学习氛围。

对后进生而言，回答统帅性问题和辅佐性问题是有难度的。我们可以适当穿插一些查询、搜索、简单分析的问题，满足这一部分学生参与学习的需要。例如，《自相矛盾》中有一句，“（楚人）誉之曰：‘吾盾之坚，物莫能陷也。’”教师可以提问：“这句话是什么意思呢？”学生翻译后，教师可以追问：“楚人后面又说‘吾矛之利，于物无不陷也’，这句话和上一句话一起出现，有什么问题呢？”通过不断追问，让信息产生关联，帮助后进生迈向高阶思维。

如果仅仅是为了满足后进生的需要而设计具有“普适性”的问题，仅能起到提升参与度、增强学生学习体验的效果。但如果能对问题进行关联、组合，就能让思维的含金量得到提升。

如此提问，教师等待学生回答问题的时间一定会延长。延长的是时间，增加的是思考。经过思考的发言大多是谨慎的、有逻辑的。

要让学生深度学习，教师请先深度备课

在和青年教师备课时，我发现统编小学语文教科书二年级下册的《我是一只小虫子》很有意思。说是“有意思”，实际上是我们遇到了麻烦。

我是一只小虫子

当一只小虫子好不好？我的伙伴们都说：“当一只小虫子，一点儿都不好。”

我们蹦蹦跳跳的时候，一定要看准地方，不然屁股会被苍耳刺痛的。一不留神，我们会蹦进很深很深的水里，被淹得昏头昏脑。其实，那深水只是小狗撒的一泡尿。孩子们都觉得毛茸茸的小鸟很可爱，但我们小虫子没有谁会喜欢小鸟。

不过，我觉得当一只小虫子还真不错。

早上醒来，我在摇摇晃晃的草叶上伸懒腰，用一颗露珠把脸洗干净，把细长的触须擦得亮亮的。如果能小心地跳到狗的身上，我们就可以到很远的地方去旅行。这可是免费的特快列车呀！

我有很多小伙伴，每一个都特别有意思。

走在外面一定要小心，别被屎壳郎撞伤，因为他们搬运食物的时候，从来不看路。螳螂很贪吃，总想把我吃掉，但真幸运，他不会像我一样跳。有些虫子脾气不太好，比如天牛，每次我说“天牛大婶，早上好”，她总是想顶我一下。

我喜欢当一只小虫子。当我很快乐的时候，会使劲叫哇叫，所以，如果你在夜晚听见草地里的歌声——你就一定能找到我！

这篇文章总体要表达的意思是“我”喜欢当一只小虫子，因为“我”很快乐。故事大致分为三个部分。

第一部分：当一只小虫子，一点儿都不好。

第二部分：当一只小虫子，还真不错。

第三部分：“我”有很多小伙伴，每一个都特别有意思。

我原本以为这篇课文比较简单，可是细读课文后才发现，没有想象中那么容易。因为故事中“不喜欢”做小虫子的内容，远远多于“喜欢”做小虫子的内容。在第一部分“当一只小虫子，一点儿都不好”中，“我”说了三件事——第一件是被苍耳刺痛屁股，第二件是落入小狗的一泡尿中，第三件是被小鸟捕食。在第三部分“‘我’有很多小伙伴，每一个都特别有意思”中，“我”也说了三件事——第一件是被屎壳郎撞伤，第二件是被螳螂捕食，第三件是被天牛顶撞。而在第二部分“当一只小虫子，还真不错”中，“我”只说了一件事——坐在小狗的身上去很远的地方旅行。

每个读者在阅读这篇文章时，都会从文章的字里行间品味出一只小虫子的自信、自足、自娱自乐。所以，感受小虫子的喜悦之情，体会文本中的情感，应该是语文教学可以实现的目标。可小虫子喜欢的事只有一件，而可能遇到危险，甚至要付出生命代价的事却有六件。我们应如何引导学生理解“我喜欢当一只小虫子”？如何让学生体会小虫子的情感？

我和青年教师在进行第二轮备课时，经过对课文的深度解读，分别结合故事的三个部分设计了三个教学重点。

故事的第一部分：注意对字词细节的品析。

请注意，《我是一只小虫子》出现在小学二年级下册的教科书中。小学低年级学生需要在语文学习中提升对字词的品析能力，而教师也应该在教学中予以重视，并在教学操作环节中具体落实。

在第一部分中，“我”说到被苍耳刺屁股时，用的是“我们蹦蹦跳跳的时候，一定要看准地方，不然屁股会被苍耳刺痛的”。这里的“一定要看准地方”，是一种提醒而不是厌恶。“我”提到掉到小狗的一泡尿中时，用的是“一不留神，我们会蹦进很深很深的水里，被淹得昏头昏脑。其实，那深水只是小狗撒的一泡尿”。此句使用了“其实，那……只是……”的句式，表达了小虫子战胜困难后的骄傲之情。而“我”对天敌小鸟的表述是“孩子们都觉得毛茸茸的小鸟很可爱，但我们小虫子没有谁会喜欢小鸟”。其中“没有谁会喜欢小鸟”是否定句式，“我”并没有直接表达“我们害怕小鸟”“我们讨厌小鸟”。在教学中，我们应引导学生在品读课文词句的过程中，感受小虫子面对各种问题时的自信与天真。

故事的第二部分：拓展想象空间。

进行第二部分的教学时，我们可以让学生展开想象：除了跳到小狗的身上去很远的地方旅行外，还有哪些事是小虫子的专享？学生联系生活，可能会说出将落叶当作魔毯巡游四方，在蝴蝶的背上进行花丛巡航……我们可以让学生畅谈一切小虫子在想象世界里可以做的事，让学生感受其中的乐趣。

故事的第三部分：还原儿童特有的思维。

进行第三部分的教学时，我们可以让学生站在小虫子的角度，努力理解它的想法：被其他动物碰撞，本就是小动物在日常生活中最经常遇到的事；面对贪吃的螳螂，小虫子说自己很幸运（自己可以跳，而螳螂不会），这就是一种可贵的游戏精神；见到那只不讲礼貌的天牛时，小虫子总是很有礼貌地打招呼，充满童真与宽容。

学生进入小虫子的世界后，能够清晰地从这些看似对小虫子不利的事件中，感受到小虫子无与伦比的天真与自信。学生自然而然地完成了学习目标。

很显然，经过三个部分的学习后，学习将不断迈向深处。因此我们可以得出结论：在低年级的阅读教学中，学生也可以进行深度学习，获得高阶思维及良好的学习体验。

如何判断学生的学习是否具有深度学习的特征呢？学生掌握了本课的核心知识；学生在学习过程中，对信息进行组织、加工，获得了个体创造性的学习感受；在整个学习过程中，学生保持着对未知领域的探索热情与积极性；不仅学生的个体认知系统得到升级，元认知系统也得到提升；学生能够很好地对自我学习实施监控，对情绪进行调整。如果教师按照上面我对《我是一只小虫子》的分析进行教学，学生就可以进行深度学习。对字词的品析，对课文内容的了解，对情感的体会，在学习过程中都能得到落实。

如何让学生进行深度学习，让学生获得高阶思维？结合整个备课—执教—修改的过程，我们发现，只有教师深度备课，才能让学生深度学习。

不要以为读了课文就是备课，不要以为看完了教参就是备课，更不要以为照搬名师教案，就是备课。

和浅层备课相比，深度备课具有以下特征。

深度备课，首先是对文本的多元解读与多向度探索

例如，教师在品析文本中的字词时，需要抓住“陌生化”的表达，留意那些“似乎不通顺”的地方。又如，要充分理解文本营造的意境，教师就需要在备课时自觉展开联想，这些联想将有助于教师帮助学生深度学习。

在进行《我是一只小虫子》第二部分内容的教学时，教师可以鼓励学生联想，并针对所有联想进行互动、点评，让这些联想和周边的自然风物产生关联，携带着生活的趣味，充满着想象的浪漫。教师不要站在成年人的视角，而要尝试着站在儿童的视角看待这个世界。在进行《我是一只小虫子》第三部分内容的教学时，教师应重拾童心，内心充满着对儿童世界的向往。

深度备课，教师要结合学习目标，更多地进行换位思考

在备课时，教师应该思考：学生需要什么样的语文课？如何上，才能让学生更喜欢这一课？学生在这节课上，最终要获取的是什么？教学要达到的效果是什么？

我们既要有对课程理论的基本认识，又要常怀一颗童心，换位思考，返璞归真，让自己的设计和执教受到更多学生的喜欢。

深度备课，要让复杂的组合变得清晰简洁

我所主张的深度学习，并非让学习变得越来越复杂，越来越难，学习内容越来越多。需要沉浸在深处的，是思维，是探索的欲望，是获得的喜悦。深度学习要去除花样繁多的形式，而在思维层面上不断地产生关联、拓展、变式；在学习经验方面，让学生更多地参与、获得、历练；在学习方法方面，让学生主动总结、提炼、迁移。最终，学生通过不断实践、检验，形成个性化的学习结果。这一切都离不开教师的深度备课。

没有教师的深度备课，就没有学生的深度学习。深度学习是师生双方共同努力的结果。

第二章

认清写作过程，走出写作教学的误区

如何教学生把故事写得有意思

小孩子喜欢写故事，特别喜欢写想象类的故事。只有小孩子自己能体会到故事中的离奇，其他人常常体会不到。此时，读故事的人总爱喊："把故事写得有意思点儿！"

喊过几次之后我们就会发现，光喊没用。就像我们说"把事件写具体""把景物写优美"一样，提出要求很容易，但若没有给出"怎么做"的方法，就无法得到想要的结果。

不仅小孩子如此，大人也是一样。最近几年的寒暑假，我都带着青年教师写故事。他们创作的故事，读起来也没意思；他们最苦恼的事，就是如何把故事写得有意思。可见，即便是成年人，也需要具体的写作方法。

为什么我们不善于和小孩子说"该怎么做"？这也许和我们传统手艺的教学模式有关。在以前很长一段时间里，很多老手艺都是师父带徒弟学习，而学习的过程是漫长的，徒弟一入师门，便成为师父的家人，生活、学习都与师父在一起。在作坊里，师父一味做，徒弟一味看；师父很少讲方法，更注重做示范；徒弟也很少问方法，专心进行模仿。日子长了，徒弟就做得跟师父一模一样了。所以，拜谁为师很重要，师父常常就是徒弟的"天花板"。

今天我们教小孩子写作，有人也喜欢闭口不谈，很大一部分原因在于师父没有“余粮”。郑桂华教授在《写作教学研究》一书中说，要成为相对专业的作者，至少要有150万字的退稿量。注意，不是“发表量”，而是“退稿量”。大部分教师和家长都没有这样的积累，所以我们只剩下“喊”了。

幸好，还有一种方法也管用，那就是“给你好看”。我们可以让小孩子学习别人写的文章，从中获取写作方法，这应该说是退而求其次的有效方法。但我们不要一味求多。当年胡适将自己做研究的参考书目随手列了出来推荐给学生，遭到梁启超的批评。今天有人比胡适更“厉害”，一列就是一大串，列的人自己是否看全都未可知。

学习其他人的文章，关键是要从文章中找到可操作的写作方法，这样才能突破自己的“天花板”，实现超越。如何写出一个有意思的故事？我们可以以《龟兔赛跑》为例进行说明。《龟兔赛跑》这个故事虽短，但集合了众多让故事变得有意思的写法，我认为最重要的是以下四点。

第一，“有意思”的基础是“有启发”

让人看了忘不了的故事，必定能给看故事的人一定的启发。我们要想创作一个有意思的故事，必须在写之前想好故事会带给读者哪些启发。只有故事具有正能量，读者才能从故事中汲取养分。

有人认为故事就是故事，不能说教，写作时不要有所图，他们将此称为“去功利化”。我们看到，一些故事是由一个又一个的“梗”拼凑起来的，类似“脱口秀”。我们看的时候会笑，但笑过之后就会忘。“会笑”不等于“有意思”，故事不是综艺节目。

所以，我们要告诉孩子们：写一个故事之前，先思考好要达到什么目的，心中有数后再开始写。

第二，“有意思”的保障是“有角儿”

《龟兔赛跑》的故事塑造了两个具有鲜明特征的“角儿”。其中，龟的特征就是慢，同时有毅力；兔子的特征就是快，同时很骄傲。《龟兔赛跑》被改编过很多次，但“角儿”的特点不容易变。也有人试图改变，但变化之后故事的味道就变得寡淡了。

孩子们的故事中也有主角，但很可能是“纸片人”。例如，有的故事的主角叫“小明”，但读者不知道他长什么样，有什么特点。可能故事中只交代了一句“小明很贪玩”，但谁都不知道他“如何贪玩”，自然没有印象。我们要告诉孩子们，想要写出有意思的故事，先要在故事中塑造一个主角，对主角有一段刻画和描述，让主角变得立体一点儿，能被看到、被惦记。

老舍先生写猫的古怪，就用了一段话：

猫的性格实在有些古怪。说它老实吧，它的确有时候很乖。它会找个暖和的地方，成天睡大觉，无忧无虑，什么事也不过问。可是，它决定要出去玩玩，就会出走一天一夜，任凭谁怎么呼唤，它也不肯回来。说它贪玩吧，的确是呀，要不怎么会一天一夜不回家呢？可是，它听到老鼠的一点儿响动，又是多么尽职。它屏息凝视，一连就是几个钟头，非把老鼠等出来不可！

至今，我们仍认定老舍先生家的那只猫就是古怪的，也许后来变得温顺了吧，可是谁都不相信。这就是经典且永恒的主角。

第三，“有意思”的核心是要“有冲突”

要让故事好看，情节动人心弦，制造“冲突”无疑是最佳的选择。例如，在《龟兔赛跑》中，乌龟分明跑得很慢，却要和兔子比跑步，这样的比赛一定引人注目。

要发生冲突，不能只有主角。有意思的故事除了主角之外，还要有配角。主角与配角一交往，冲突就产生了。就像《白雪公主》这个故事，一开篇就有冲突——白雪公主的后母权势熏天，却嫉妒美貌的、楚楚可怜的白雪公主，这个冲突一下子就能抓住读者的心。

第四，“有意思”的看点在“意外的结局”

最完美但也最没有看点的结局，莫过于“王子和公主幸福地生活在一起”了。故事中似乎只要一出现王子，就是这个结局。而我们在看到这个结局后，会瞬间产生索然无味之感，之后想要再次阅读的兴趣便“归零”了。所以，好莱坞编剧的基本方法是在你即将兴味索然时，给你当头浇上一盆凉水。

还是设计一个让人意外的结局吧。比如，《龟兔赛跑》的结局是乌龟获胜，多么让人意外！当然，这个结局也是顺理成章的，因为两位主角在整个比赛过程中的表现告诉我们会有这样的结局。再比如，统编小学语文教科书五年级下册的《田忌赛马》最后的结局是田忌获胜，多么让人意外！读者会回过头来，再看看孙膑到底是怎么分析、如何布局的。到了结尾处还能再次抓住读者的心，这就是故事创作成功的标志。

有意思的故事，并不是随便写出来的，也不是用各种各样低俗的语言和桥段拼凑出来的。有意思的故事，是作者苦心经营出来的。我们要让孩子们认识到这一点，同时教会他们几个管用的方法。

“单纯教阅读”与“读写结合教”，到底有什么区别

“读写结合”是时下教学研究的重点，也是常见的课型。不少青年教师对此产生困惑：“单纯教阅读”与“读写结合教”到底有什么不同？“读写结合教”要注意些什么？

统编小学语文教科书的“习作”版块就是很特别的案例。部分“习作”版块安排了习作例文，同单元中还有精读课文，教材的编者说，这样编排的意图就是让学生从阅读中学习写作。

从阅读中学习写作，学什么？怎么才能保证学得有效？如何将学习成果迁移到习作实践中？很多一线教师在实际操作中，遇到了上述问题。我将结合统编小学语文教科书中的具体案例，尝试分享备课与实践这部分内容时的感受。

统编小学语文教科书五年级下册第五单元的教学目标为“学习描写人物的基本方法，初步运用描写人物的基本方法，具体地表现一个人的特点”。本单元包括《摔跤》《他像一棵挺脱的树》《两茎灯草》《刷子李》等课文，我以《两茎灯草》为例进行讨论。在听完不同的教师执教这一课后，我发现“单纯教阅读”与“读写结合教”教学的侧重点是不一样的。

“单纯教阅读”大多从字、词、句、段入手，以读懂文章、赏析文章、明白文章中的道理为要。“读写结合教”更侧重于对文章这一

写作结果进行逆向探索：作者写这些内容是为了什么？他是怎么写的？这样写和那样写，差别在哪里？如何将作者的写作技法迁移到我们的写作实践中？

“单纯教阅读”只关注获取的信息；“读写结合教”更注重在获取信息之后的拓展、延伸，指向对“写”的研究。当然，二者有交叉之处。为了帮一线教师加深认识，我勉力列出“读写结合教”的三个特色。

第一，引导学生发现作者的巧妙构思

“单纯教阅读”，教师非常关注学生能不能读通、读顺、读出滋味，能不能体会文本中的意境。因此，在阅读的过程中，学生对文本是仰视的。这样的仰视非常有必要，因为入选教科书的文本都是比较经典的。

但“读写结合教”，学生对文本更多的是一种平视和审视。对“写”的探索从“读”开始，学生要在阅读时，发现作者的巧妙构思。例如，在《两茎灯草》中，文章的开篇就强调严监生的病情危急——“严监生喉咙里痰响得一进一出，一声不倒一声的”，而在如此危急的时刻，他竟然“把手从被单里拿出来，伸着两个指头”。这是一个很有趣的细节，学生看到这里都会觉得，此时他伸出两个指头，必定是有人命关天的大事。学生读到文本的结尾处才发现，他关心的原来是两茎灯草。学生在强大的反差中，感受环境描写及文章前面铺垫布局的意义。

第二，引导学生关注“写法”

“单纯教阅读”，大多关注的是文本中用了什么句式，用了哪些写作方法。学生更多的是通过语言文字接收作者传递出来的东西。

“读写结合教”，教师更多地带领学生去感受、捕捉作者的写作方法，聚焦写作细节。例如，《两茎灯草》中人物的出场顺序，就是作者从大处着眼的写作布局。面对奄奄一息的严监生，大侄子说的是：“二叔，你莫不是还有两个亲人不曾见面？”二侄子说的是：“二叔，莫不是还有两笔银子在那里，不曾吩咐明白？”奶妈说的是：“老爷想是因两位舅爷不在跟前，故此记念。”“莫不是”“想是”，说明他们都只是猜测。而赵氏说的是：“别人都说的不相干，只有我晓得你的意思！你是为那灯盏里点的是两茎灯草，不放心，恐费了油。我如今挑掉一茎就是了。”赵氏用的是“……就是了”，她的语气十分肯定。可见，从大侄子、二侄子、奶妈，一直到赵氏，和严监生越亲近的人，越能理解他，越能猜透他的意思。作者在安排人物的出场顺序时是很讲究的。这样的讲究，就是构思的结果，是精心的布局。

在文章结尾处，作者有意呼应前文，写赵氏挑掉一茎灯草后，严监生“点一点头，把手垂下，登时就没了气”。这样的呼应与承接，加上中间的排列与布局，将这一人物形象刻画得入木三分。

五年级的学生已经较为成熟，学习时不应停留在寻求表面的信息上，而要对文字背后的秘密进行探索，提升认知水平。

第三，引导学生借鉴“结果”

“单纯教阅读”，讲究读好、读通、读懂，读后记住。“读写结合教”，讲究读过之后要有迁移，有建构，有生长。

我们要想清楚，阅读文本对自身的写作实践有什么作用。以《两茎灯草》为例，我们至少可以获取三条启示。

首先，写作前应确定写作意图。写作之前我们必须明确要表现的是什么，而不是写到哪里算哪里。一些小学语文教师最爱说的一句话就是“想怎么写就怎么写”。如今看来，真的需要警惕这样的随意与放纵。很多时候，我们忽略了立意先行。

其次，好文章是需要布局的。布局，就是预写，就是构思。这是写作前最为重要的一环，也是常被大家忽视的一环。有人对布局避而不谈，无视“写作的困难”“写作的知识支撑”“写作的能力生长”，只求有一个“写的结果”。而这样的结果，往往只是学生在重复陈述旧的经验而已。

例如，在《两茎灯草》中，作者安排了哪些人物出场？出场顺序是如何确定的？人物出场后都说了些什么？做了些什么？故事中是否有贯穿始终的线索？这些都是作者在写作前预先设定好的，而不是在写作过程中随意发挥的。只有成熟的写作高手才能“想怎么写就怎么写”，而大部分学生是做不到的。

最后，经典的细节是需要打磨的。要让文章被读者记住，还需要在文中留下一个“强记号”。例如，《两茎灯草》中的严监生就有一个标志性动作——“伸着两个指头”。作者用心良苦，从开头出现这一动作，到中间围绕这一动作展开描述，再到结尾回应这一动作，整个故事围绕着这个“强记号”布局。

“金字塔原理”是小学写作教学的重要参考

什么是“金字塔原理”

毕业于哈佛大学的芭芭拉·明托（Barbara Minto）女士，是麦肯锡公司的第一位女咨询顾问。她向全世界各大行业传授的“金字塔原理”广受欢迎，经久不衰，帮助政府、企业、高校中的各界人士提高了写作与演讲能力。

什么是“金字塔原理”呢？在《金字塔原理》一书的前勒口处，芭芭拉·明托告诉我们，“金字塔原理是一种重点突出、逻辑清晰、主次分明的逻辑思路、表达方式和规范动作。”① 要知道，读者很可能在读到这句话时心里想着书的内容“不过如此”，进而放弃购买。出版方却做了这样的安排，可见有多自信。阅读全书后我才知道，这是“金字塔原理”最重要的内容，它确实就是这么简单。使用“金字塔原理”进行表达，基本的逻辑结构是：“中心思想明确，结论先行，以上统下，归类分组，逻辑递进；先重要后次要，先全局后细节，先结论后原因，先结果后过程。”②

本书的前勒口处还有两段话讲述了训练方向与训练效果。读完

①② 明托. 金字塔原理 [M]. 汪洱，高愉，译. 海口：南海出版公司，2019：前勒口.

后，我们几乎可以完成对全书重要理念的快餐式提取。

金字塔训练表达者：关注、挖掘受众的意图、需求、利益点、关注点、兴趣点和兴奋点，想清楚内容说什么、怎么说，掌握表达的标准结构、规范动作。

金字塔帮助达到的沟通效果：重点突出，思路清晰，主次分明，让受众有兴趣、能理解、记得住。

搭建金字塔的具体做法：自上而下表达，自下而上思考，纵向疑问回答 / 总结概括，横向归类分组 / 演绎归纳，序言讲故事，标题提炼思想精华。[①]

阅读全书后我发现，芭芭拉·明托希望给读者带来三大改变。

第一，改变表达者的思维。表达不仅仅是为了输出一段信息，更重要的是为了输出的信息能达成既定的目标。

第二，改变表达逻辑。芭芭拉·明托不崇尚自由、松散、充满个性的随意表达，而是注重观点和各部分材料之间紧密的逻辑关联。

第三，改变表达意识。不是“我要说明白我所知道的”，更重要的是“为了你明白，我才这样说”。

教科书也使用了“金字塔原理”吗

“金字塔原理”在统编小学语文教科书中，得到了非常好的运用。

① 明托. 金字塔原理 [M]. 汪洱，高愉，译. 海口：南海出版公司，2019：前勒口.

三至六年级的统编小学语文教科书的每个单元都会先明确亮出本单元的教学目标。例如，五年级上册第四单元的教学目标为“学习列提纲，分段叙述”。为配合教学目标，该单元的习作主题为“二十年后的家乡”，并且编者还安排了一个习作提纲的范例。学生需自己编写提纲，再分段表述，把重点部分写具体。在明确的目标指导下，教师知道本单元教学的核心知识是什么，要让学生学会什么。

在统编小学语文教科书中，每一次习作要实现哪些写作功能也是非常明晰的。例如，五年级上册第八单元的习作主题是“推荐一本书”，教科书中明确提示：“把读过的好书推荐给同学，就像把好朋友介绍给他们一样……写好后，把自己的习作读给同学听。大家交流一下，看谁的推荐能够激发起其他人阅读的兴趣。”教科书还提供了可供参考的写作框架，明确了内容及大致结构，例如：“推荐的时候，要介绍这本书的书名、作者、出版社等基本信息。重点写推荐这本书的理由……还可以转述或摘录书中的精彩片段，引用别人对这本书的评价。”这些提示紧密围绕写作目标，指向要达成的功能，让学生在写作过程中明白“我写下的每一句推荐语，都是为了成功地把好书推荐给别人”。

“金字塔原理”给写作教学带来的启发

“金字塔原理”也给写作教学带来了三个重要的启示。

第一，写作教学应以达成目标为己任。

第二，写作教学重在让学生获得表达的逻辑，获取写作的框架性知识。

第三，写作教学不应过于注重对写作结果的精致加工，而应更注重写作本身是否实现了表达的功能。

在写作教学中，教师能做的就是朝着设定好的教学目标，进行框架与模板方面的指导。至于说目前非常流行的字词美化等，不应成为教学的重点。

高手教师都在逻辑层面指导，都用“金字塔原理”。例如，上海的邓彤博士提出，在进行自由诗教学时，应该让学生直观地把握诗歌中那些难以把握的内容。同时，不要生硬执教，而应做好转化，借助一连串富有实效的学习活动转化难点，驱动学生进入诗歌写作的学习状态。为此，邓彤博士设计了“剥洋葱”式的教学，让学生明白诗歌的最外层是叙述事件，中间层是描绘事件，核心层是抒情和象征。在每一层的教学中，邓彤博士都搭建了支架，提供了具体的方法，让学生明确实现目标的路径是什么。例如，学生写题为“妈妈”的诗歌时，起先描述的都是妈妈的日常表现及学生的内心感受，意思大多为“妈妈很凶”“妈妈很严格”等。之后，教师提供了“顺承”和“陡转”的方法，教学生写下自然延续前面诗句情感基调或与前面诗句形成对立的诗句。有个学生就写出了这样的诗句：

妈妈是魔方，
每一面都各有精彩。
怕也好，爱也好，
其实它的每个侧面，
都熠熠发光。

这是一首妙趣横生且富有哲理的诗。这个案例让我们明白，美化字词、改善写作结果，都是雕虫小技。真正重要的是给学生提供写作框架与模板方面的指导。

写作就是用语言表达意思或情感。显然，学习“如何表达”，明确表达目的，知晓表达的方法，掌握表达的基本逻辑，才是学生学习写作最为重要的目标。

如果我们的教学瞄准的不是“如何表达”，而只是“如何让语言更美妙”，便与小学语文学习的本质渐行渐远了。使用语言固然是学习的内容，但是，有没有“可用的语言”，不是由教师决定的，而是取决于学生个人的积累。学生积累了什么样的语言？积累了多少？好用不好用？这些都是学生个人的事，不是集体教学能决定的。

教师若在教学中将精力主要放在美化字词等方面，而不重视表达逻辑，一来，会让自己陷入江郎才尽的境地，因为没有哪一位教师能满足所有学生的语言积累需求；二来，会让教学变得琐碎，且无法提升学生的写作水平。

写作教学要产生实效，请教师理解并运用“金字塔原理”。

“碾压 90% 以上的人”的写作秘诀

魏智渊老师在《高手教师》里，介绍了经济学家何帆教授有关写作的有趣观点。何帆教授说：“初学者最重要的，是用简单的白话文把一件小事说清楚，只要说清楚了，就能碾压 90% 以上的人。”[①]

看完这段话，我们会产生无限的好奇——“碾压 90% 以上的人”的写作秘诀，具体是什么呢？其实，它真的不难。所谓“碾压 90% 以上的人”的写作秘诀，概括起来就三段话：

第一，每一自然段的第一句话必须是这一段的中心思想，其他几句话是支撑这一中心思想的论据。

第二，每一段的几个论据之间必须有逻辑关系。不管是递进，还是转折，不管是并列，还是对比，必须有一个清晰的逻辑关系。

第三，上一段和下一段的第一句话之间，必须有逻辑关系。不管是递进，还是转折，不管是并列，还是对比，必须有一个清晰的逻辑关系。[②]

魏智渊老师说，认识了底层逻辑后再训练，效果会更好。但对一

①② 魏智渊. 高手教师 [M]. 上海：华东师范大学出版社，2021: 60.

线教师而言，他所说的“底层逻辑”很可能是最为陌生的“上位结构”，因为我们很少去思考底层逻辑，我们总是在更下位的“字里行间”打转转。例如，我们喜欢纠缠一个个关键词，一教就是十几分钟；找准一句话，一分析就是十几分钟；发现一个表现丰富情感的句子后，一读就是十几遍……

我们从来不觉得那样做有什么问题，但以上三个写作秘诀是何帆教授的经验之谈，具有极强的可信度。我希望大家能理解何帆教授到底讲的是什么意思，之后才去鉴定他的观点是否正确。

其实，他说的就是要摸清写作的规律，获取写作的框架，得到写作的模板，知晓文字组合的内部逻辑，这些比什么都重要。

郑桂华教授在《基于语文核心素养的小学写作教学思考》一文中，提出如下观点：

> 在建构书面语言表达机制的各项要素中，也存在一个先与后、主与次、核心与边缘的问题。帮助学生建立对书面语言的亲近感、运用书面语言的成就感，就比掌握句式和修辞手法重要；让学生把大体意思、大致经过介绍清楚，就比文从字顺重要；引导学生将阅读中获得的语感、阅读中积累的语言模型转化为书面表达能力，就比准确记忆某个标点符号的作用、正确区分“的”“地”“得”重要。①

也许，之前我们认为对的东西其实是错的。我们非常希望通过“美化文字”来验证教学效果，但这准确地说是自我麻醉。我们缺乏对上位的、构思层面的、语言表达内部结构的探索，在文字美化上越

① 郑桂华. 基于语文核心素养的小学写作教学思考 [J]. 语文教学通讯，2017(7-8): 6.

努力，离有效的写作就越遥远。就好像我们要盖一座房子，不思考如何打地基、如何设计房屋结构，却一门心思搞装修；我们不管房子的用料是否合格，就只在意装修用什么材料、用什么颜色……说起来很可笑，但如果我们一直这样做，就不是可笑不可笑的问题了，而是可悲。因为我们这样教，学生很难有进步。

幸好，统编小学语文教科书已经做出了改变。六年级上册第五单元的“习作”是“围绕中心意思写”，我们在教学时就可以借鉴何帆教授的观点，进行上位教学。本课的教学目标是“围绕中心意思写”，非常明晰、专业。这是统编小学语文教科书中较为独特的、以获取核心写作知识为目标的教学案例。在教学中，我们既要完成任务，又要让学生真正知其然、知其所以然，让学生学到方法，能够在未来的自由写作中加以运用。

在教学中，我们可以借用一张示意图（见图 1），让学生了解什么是中心意思，什么是支撑中心意思的材料，材料的种类有哪些。同时，我们还可以借助本单元的课文《夏天里的成长》，让学生看到在一个段落中，句子和句子是怎样组合的，是如何共同支撑中心意思的。不要着急让学生写，先要让他们知道怎么写，为什么可以这样写。

图 1　写作示意图

这样的教学，目的不是让学生写出华美的文字，而是让学生真正获取写作的原理。与其每次都教在细枝末节处，纠结于对一两个字词的分析，对一些句子的解读，不如教得大气一些。只有这样，我们才不至于在日复一日的执教中迷失方向，不至于在一天又一天重复地上课、下课的过程中变得慵懒，不至于在自己熟悉的模式中沉醉。

请教师尽可能地带学生探索规律，不迷恋各种伎俩。请教师不要自满于美轮美奂的文字，那有可能是没有逻辑的写作的产物。请教师不要被考试裹挟，越是畏惧越容易教不好。写作教学的核心价值是促进学生获得搭建写作框架的思维能力。学生有了能力，才能面对一切困难。

样例的教学应有具体的操作方案

在三到六年级的统编小学语文教科书中，有的“习作”版块会配置两篇习作例文。在作文教辅书以及介绍海外作文教学经验的文章中，我们也经常会看到例文。而且大部分例文都提供了批注，对关键的写作知识进行了解释。这样一来，例文既让学生看到“要写成什么样”“不能写成什么样”，又告诉学生“好文章是如何写成的”。这种通过提供例文进行教学的方式被称为“例文模仿法”，这也是作文教学中最为常见的方法。

这种方法很多时候是针对写作学习有困难的学生的，但有关学生学习效果的研究成果告诉我们：模仿不仅对学习有困难的学生适用，对普通学生学习新知识、迎接新挑战也有效。在写作教学中提供例文，能让学生看到文章的好坏，同时明确如何规避写作中存在的问题，避免因写不出来而受挫。学生借助例文，更容易获得成功的写作体验。

有人认为，只要提供了例文，就万事大吉了；还有人主张，将各式各样的例文都提供给学生，以量取胜。这些都是对例文及其作用的误解。在罗伯特·J. 马扎诺（Robert J. Marzano）博士的“精准教学体系”中，例文被称为“样例”。服务于学习的样例，“一步一步地展示或示范了如何执行技能、策略或过程。这是一种指导性操练，在学生刚开始学习关键内容时最为有效。”①

样例分为多种类型，在写作教学中最为常见的有四类。第一类，名家经典。这类样例以定篇的形式出现，师生可共同欣赏与借鉴。第二类，学生的优秀习作。这类样例可以给其他同学带来启发，增强学生的信心。第三类，有典型问题的文章。这类样例的价值，就是让学生关注并回避典型问题。第四类，教师的“下水文”。叶圣陶先生极为主张教师要“下水”。教师应适当撰写满足教学需求的样例，可以写经典的样板文，也可以模拟学生的水平，故意在习作中暴露问题。

在写作教学中使用样例，不能简单地出示后，便做潇洒的“甩手掌柜”。提供样例之后，我们还需要带领学生对其进行分析、解构。之所以要这样做，有以下几个原因。

第一，这是由样例本身的性质决定的。

提供给学生的样例，都是作者创作后的结果。样例的作者结合自身的知识，对写作素材进行全新的组织加工，写成文章。样例就是一个“综合体”。我们需要对其进行拆分，如此才有利于学生理解，才能让学生看到作者的操作程序、组织方法。不分析、不解构，仅提供样例，等于给学生一个无法打开的“盲盒”。

第二，这是由模仿的意义决定的。

提供样例，最大的意义莫过于让学生学会模仿。触碰到样例的内部构造，发现组合规律，才是真正的模仿。因此我们要对文章进行分解，对奥妙之处进行揭示，减少学生的认知负荷。

在整个模仿的过程中，我们首先要激活学生已有的背景知识，让

① 哈蒙，马扎诺. 操练技能、策略与过程：熟能生巧的方法 [M]. 舒越，译. 郑州：大象出版社，2018: 33.

学生看到一个又一个熟悉的细节；其次，我们要引导学生从细节中发现技巧、方法等，逐步获得提升。我们只有对样例进行再加工，真正有效的模仿才会发生。

第三，我们要为学生提供深度学习的契机。

分析、解构样例，不仅提供了一种示范，还可以给学生自我反思的机会，让学生看到别人是怎么做的，同时与自身的写作经验进行关联。学生在未来的写作过程中，可以进行自我监控、自我反思、自我调整，让“元认知”得到发展。

那么，我们该如何有效地使用样例呢？

第一，样例应与要学习的写作知识相匹配

我们应提供与要学习的知识相匹配的样例。匹配度越高，越有利于学生模仿与迁移。

例如，统编小学语文教科书四年级下册第五单元的教学目标为“学习按游览的顺序写景物”，“按游览的顺序写景物”也被简称为“移步换景”。教材匹配的习作例文为《颐和园》，这篇习作例文正是用“移步换景”的方式组织景点、有序表述的。这篇文章的语言朴实无华，只是在使用移步换景的方法上特别典型。这就是最佳的样例，因为文章没有包含太多干扰信息，更有利于学生学习写作知识。

我想强调的一点是，样例更大的意义在于帮助学生获取写作知识，而不是让学生纯粹模仿样例中的语言。我们应该让学生通过大量的阅读，而不是仅仅通过单篇样例积累语言。

第二，要凸显样例中的写作亮点

学生写作文，并不都是一帆风顺的，经常会遇到一两个难点。学生需要支援，这些支援可以来自教师，也可以来自样例。出示样例时，如果我们能够对样例中的写作亮点加以凸显，则能够更大限度地起到支援与辅助作用。

例如，习作例文《颐和园》是学生学习“移步换景”的样例，作者是如何排列景点的？先写了什么，又写了什么？写作顺序是如何安排的？从一个景点到另外一个景点，作者用了哪些起过渡作用的句子？教科书的编者通过“批注”的方式凸显了写作亮点。这些批注有助于学生在最短的时间内完成对写作知识的学习。

第三，让学生对迁移进行预演

简单模仿语言和段落结构，都只能算是完成了第一步。将对样例学习的结果迁移到自己的实践中去，意义更大。例如，学生学习了样例《颐和园》之后，会介绍景点吗？会排列顺序吗？会安排写作内容吗？从一个景点到另外一个景点，内容是跳跃的还是连贯的？读者阅读你的文字后，是莫名其妙、晕头转向，还是感觉清晰有序？我们要不断地提示学生，把从样例中学习到的知识运用到自己的写作实践中。我们可以让学生在样例学习与写作实践中间来回切换，学完一个点，就畅想如何运用。预演进行得越顺畅，学习的效果越好，样例发挥出的作用越大。

用样例进行教学，时间节点的选择也有讲究。例如，在写作前出示样例，意义在于教授学生相关的基础知识，为学生进行对比、自我反思提供模板；在写作过程中出示样例，意义在于使学生在实践中熟悉相关知识，操练某个技能、策略，或明确文章某一方面的结构特征；在写作后出示样例，意义在于引导学生将样例与自身的作品进行比对，找出自己的不足。

可见，在写作教学中仅提供样例是不能有效提升学生的写作水平的，要发挥样例的效果，教师还需要具体的操作方案。

习作教学中的样例，这样设计与使用更有效

在进行习作教学时，教师常使用样例进行示范。样例可以让学生看到写作的样本，增强写作信心。实践证明，使用样例能带来教与学的便利与显见的效果。

大部分教师在出示样例之后，会实施如下三个步骤的教学：第一，看一看，他人写的是这么成功（出示样例）。第二，学一学，文中使用了这个方法（提取核心知识）。第三，试一试，你也可以尝试这样写（迁移运用）。这三个教学步骤，从教学逻辑上来说是合理的。但在具体操作中，能否发挥样例应有的功能，关键还要看使用样例进行教学时的细节设计。教学之前，教师应重点关注：选取什么类型的样例？要怎么用样例？样例能产生什么样的效果？这几个问题至关重要，影响整体教学的质量。

我以统编小学语文教科书五年级上册第四单元的习作“二十年后的家乡”为例，说一说使用样例时如何进行细节设计。为帮助学生突破写作难点，达成教学目标——“把家乡的变化写具体”，我执教本课时使用了“下水文”：

美丽的小山村，与二十年前有着天壤之别。之前这里是座“垃圾山”，如今到处青翠欲滴。山脚下是农场，种植着大片五彩水果，有五彩苹果、五彩香蕉、五彩菠萝……张伯伯见我喜欢，就说：“来一个五彩苹果。”也不知从哪儿蹦出一只机器猴，它利索地采摘了一个递给我。我才咬一口，那清甜的汁水就让我感到快乐。张伯伯说：“这叫开心果，是我们的新产品，谁吃了都会开心。”没想到，二十年后的家乡，居然是这样。	抓变化 对比要写出来 有画面 将看到的写出来 要生动 让人与人互动 想象奇 藏在高科技中

这一段样例，集中指向“将二十年后家乡的某一处变化写具体”这一目标。我将样例制作成课件，旁边加上批注，形成相对独立而完整的片段示范。

使用样例时，教师可以印刷并分发给每一位学生，让其自由阅读，也可以制作成课件，组织学生集体观看。将样例分发给每一位学生会增加不可控因素，降低教师的参与度，减损样例对学生的示范引导作用，更适合于学生在课外自由仿写。在课堂上使用样例，我们需要将样例作为典型案例进行解读，组织学生集体观看效果更好。

我将结合此段样例，分享运用样例实施教学时必须重视的三个细节。

第一：有效删减，减少与目标无关的认知负荷

样例不是篇幅越长越好，也不是数量越多越好。错误的做法：只

要沾边，立刻选择；未经删改，直接投放。这样选出的样例不但不能起到示范作用，还有可能造成学生写作之外的负担。

从心理学的角度来看，摄入信息必然会带来认知负荷。负荷不可免除，但也有“合理”与“不合理”之分。不管是选取学生的作文、名家名篇，还是教师自己的“下水文”，我们都应该注意精挑细选，不要让学生的认知负荷“超载”。

另外，我们要承担重要的示范作用，可以出于“有利于学”的目的进行删减——减少与学习目标无关的信息。以上文为例，学习目标是将二十年后家乡某一处的变化写具体。因此，和这一目标无关的信息，都应予以删减。例如，不出示文章的开头、过渡部分及结尾，直接出示片段中最关键处，让学生直扑重点。同时，教师写“下水文”时应尽量模拟学生的语言水平与表达特色，让学生阅读时感觉更亲切。

第二：批注关联，缩短从样例到核心知识的认知距离

在统编小学语文教科书中，习作例文均附有批注。这给一线教师带来启发——使用样例时应该加入批注。教师设计批注，可以给学生写作提供三类重要提示。第一类是“写了些什么”，提示学生写作内容要符合要求；第二类是“写得好在哪里”，意在引导学生欣赏并借鉴；第三类是“用了什么方法”，指导学生掌握达成目标的程序性方法。

还是以我写的关于“二十年后的家乡”的“下水文”为例，我在例文旁加入了四处批注：①抓变化，对比要写出来；②有画面，将看

到的写出来；③要生动，让人与人互动；④想象奇，藏在高科技中。其中，第一处批注告诉学生写作时要注重“对比”，突出“变化”。第二处批注为“如何写具体”提供了一种方法，告诉学生要营造画面感。学生结合原文“山脚下是农场，种植着大片五彩水果，有五彩苹果、五彩香蕉、五彩菠萝……”便能明确如何写才算初步达到“具体”的目标。当然，学生可以根据自己的写作水平发挥。第三处批注提示学生要加入对话描写，让场景更生动。最后一处批注告诉学生可以在作文中加入科技元素，让想象更合理。

教师设计批注，可以让学生以最快的速度，提取样例中的关键信息。

第三：局部凸显，增加对细节的阐释

出示样例后，不能仅让学生自己看，教师还要针对批注要点进行讲解，让学生不仅知其然，更知其所以然。

在教学中，对样例的解释与提炼，是重要的教学步骤。教师的讲解，可以突出局部有效信息，更好地发挥样例的功能。例如，学生很可能在描述二十年后的家乡变化时，忽略了人的存在。学生写的片段中虽有想象，但家乡空无一人，仅有美景，成了“高科技下的人类荒漠”。教师可以借助样例告诉学生，要让家乡二十年后的变化更生动，就要让人与人互动。

这种针对局部的指导，可以让学生更快捷地借助样例，明确“作者是怎么做到的”，从而产生“我也可以这样去做”的愿望。之后学生付诸行动，自行练习，样例也就发挥了示范与引领的作用。

如何帮助学生坚持写日记

统编小学语文教科书三年级上册要求学生写日记。教学意图很明确：教学生写日记的基本格式，培养学生写日记的习惯，希望学生从此天天写，一直写下去。但事实是，很多学生确实认真参与了“这一次”的练习，认认真真地书写了“这一篇”日记。他们将这篇日记写得很漂亮。之后呢？也许仅此一次，没有下次。

很多学生觉得坚持不下去，因为没什么好写的，每天的生活都差不多。

如何帮助学生坚持写日记？我结合实践，提供三种方法。

第一种方法：游戏式日记

教师不需要在课堂上专门讲如何写日记，不需要为学生的日记“制造内容”。我们可以学习绘本《金鱼日记》中的写作理念，让学生以“游戏的心态”来写日记。《金鱼日记》中的小金鱼，每天都写日记，即便刚开始时生活很枯燥，也坚持写一句话日记，记录自己这一天中最重要的事：

第一天：我在鱼缸里游来游去。

第二天：我还在鱼缸里游来游去。

虽说是典型的流水账，虽说是最简单的一句话，但它每天都坚持写，而且第二天比第一天多一个字。这样的游戏心态，就是攻破枯燥的最佳利器。教师可以在学生初次写日记时，让他们相信“我可以”“我能胜任”“写日记很有意思”，甚至就鼓励学生写流水账。例如，我们可以鼓励学生写一写：我的书房里有什么，每天晚上做了什么，我读过什么书，一天中都有过哪些心事……天天写，坚持一段时间，就算写成流水账也没关系。其实，这么写日记，最大的价值就是让学生养成写日记的习惯，同时培养他们写日记的良好心态，让他们觉得写日记不难，有意思。

第二种方法：读写统整式日记

如果能让学生一边阅读一边写作，学生就不愁没有内容可写了，因为书是读不完的。将写日记和阅读结合起来，学生为了写日记，要去多阅读；多阅读后，便有越来越多的内容可以写。读和写，形成良性互动。具体来说，读写统整式日记，可以分以下几个层次推进。

低级版：鼓励学生写“阅读 + 摘录”式的日记。相信这样写日记，每个学生都能做到。

中级版：鼓励学生写“阅读 + 感受”式的日记。学生写日记时，可以写自己读了哪些书，再结合阅读体验，写写自己的感受；可以具体写读了哪个片段，有什么启示。有感受有启示，就比单纯摘录来得高级。

高级版：鼓励学生写“阅读 + 评价”式的日记。这是又一次的升级。学生读了书之后，如果能够有自己个性化的解读，能够有自己的评价、判断、见解、论述，即便是只言片语，也是极好的。哪怕只读了一个片段，只有一句评价，也可以写下来。学生不仅可以写阅读感受；还可以写一写文章的创作方法；甚至可以比对同类文本，写一写不同创作方法的优劣……

特级版：鼓励学生写“阅读 + 关联”式的日记。学生读一本书后，可以不急着马上写日记，关联对比两三本同类的作品后再写。例如，在读了《水浒传》中的“武松打虎”的故事、了解了武松的形象后，还可以再关联自己曾经阅读过的故事，寻找类似的情节。例如，《水浒传》中的李逵打过虎，《聊斋志异》中的田七郎打过虎，《阅微草堂笔记》中的徽州唐氏个个是打虎能手……学生可将这些情节关联着写，找出它们的不同。又比如，在读完《巨人的花园》后，也可以再找找其他作品中的巨人，将这些形象进行对比，写出自己的评论。这样写日记，难度系数高，但写出的日记质量高。学生这样写下去，读和写的能力都可以得到发展。

第三种方法：主题创作式日记

我们可以鼓励学生围绕某一个主题，连续创作日记。例如，设立一个主题后，持续写一个完整的、篇幅较长的故事。我的《作文真经》就是以这种方式创作出来的。当初，我先设立了一个主题——唐僧师徒四人的后代，要去取作文真经。我每天构思一个他们会遇到的小困难，每天推进这本书的进展。很快，一本书就写成了。对很多学生来说，每日想一个新故事并不是难事。只要主题是自选的，创意就不会枯竭。

我们还可以让学生写班级人物志，每天写班级中一个同学的样貌、特征；还可以让学生每天写出一件自己弄不懂的事……主题式创作的好处就是想好主题后，可以一连创作好多篇日记。

我给大家提供以上三种方法，只有一个意图——希望学生能够坚持写日记。

学生每天写日记，记录自己的日常，描绘自己的成长史。一段时间后，再看看自己的日记，会发现自己的笔力在提升，思想在变化，风格在形成，写作意识在成长。以至于学生若哪一天没有写日记，会浑身不舒服。这个时候，学生学习写日记就取得了初步的成功。

用童话故事引领学生写作

我们爱童话故事有多深？也许我们自己也不知道。但大多数人是读着童话书、听着童话故事长大的。童话故事在我们很小的时候，就住进了我们的心房。

童话故事很高级吗？和今天的许多作文相比，它显得逊色许多。在童话故事中，总有让人感到“遗憾”的地方。例如，童话故事中的人，几乎都没有真实的名字，作者可能会用他们的职业、社会身份或着装称呼他们。即便有名有姓，也都是最常见的杰克、玛丽、小明等。没有人知道白雪公主的名字，没有人知道她身边的七个小矮人的真实身份和名字。说白了，童话故事中的人物都是“扁平人物”。

与童话故事相比，当代小学生的作文最大的优势莫过于细节描写。要知道，在童话故事中我们几乎看不到优质的细节描写。不是没有，而是少得让人惊讶。许多童话故事没有做任何的铺垫，就直接推动情节快速发展。例如，今天公主病了，明天王子就来救她；今天刚结盟，明天就可以宣战；今天才相聚，明天就永远幸福地生活下去了。在童话故事中，我们看不到对人物外形的塑造、对环境的描摹、对器物的刻画，只能看见一个又一个名词。例如，这里是皇宫，那里是厨房，这里是城堡，那里是黑森林。作者在塑造人物时，也往往只突出其最为显要的特征。例如，描写白雪公主，就只突出她的皮肤像雪一样白，嘴唇像血一样红。童话故事中的时间，也都是神秘兮兮的，很多童话故事都是以“很久很久以前”开头，很少给出具体的时间。

以现在的评价标准来看，童话故事确实称不上好作文。但这样简陋的故事，却十分诱人，以至于我们过目不忘，一代又一代人将其口耳相传。我们需要思考：我们为什么如此喜爱童话故事？它的魅力来自哪里？

我认为，童话故事简洁而紧凑的构思，就是让其熠熠生辉的法宝。每一个流传下来的童话故事，都有精巧的构思。大部分童话作者都将精力放在对故事情节的构思上，相对而言，对其他诸如人物的外貌描写、环境的描摹、器物的刻画等，则显得不那么上心。童话作者之所以这样做，是因为只有削弱其他细节，让情节支撑起整个故事，才能让童话故事更深入人心，获得长久的生命力。

这给我们带来一个启示：故事最吸引人的是情节，创作故事最重要的是构思。

在教学生写作文时，我们常常抛开童话故事给予的启示，在学生不擅长的地方执着深耕。我们抓细节、抓技法，希望学生“一次写成作家”。教学生写人物时，我们告诉学生要对人物的外貌进行细致的刻画；教学生写景时，我们告诉学生要按顺序写，动静结合写；教学生写人物的心情时，我们告诉学生要写出情绪的变化，写出内心复杂又激烈的情愫；教学生写情感时，我们告诉学生可以借景抒情、借物抒情、借事抒情……我们以为，学生一旦掌握了这些方法，就能一步到位，写出优秀的文章。

就这样，童话故事被我们封存在记忆的黑屋里，它竭力呼唤我们“回家”，但我们却听不见。谁还会在乎当初读童话时的那份欣喜？

也许我们反倒认为那样“简陋”的童话故事才是破坏我们写作获得丰收的“蚜虫”，而我们一心一意只想要“果实”。

结果呢？心急吃不了热豆腐。越是希望直捣黄龙，越容易倒在盲目冒进的路上。在学生学习写作的黄金阶段，我们没有教学生如何构思一个有趣的故事，如何制造故事中的冲突，如何化解故事中出现的矛盾，如何推进故事情节……就好像我们拥有一辆汽车，却只进行外部装饰，而不安装发动机。构思就是写作的发动机，构思到位，故事才能写好。

还记得《青蛙王子》吗？公主丢失了小金球，青蛙答应帮助公主找回来，但条件是如果青蛙真的找到小金球，公主便和它做朋友。青蛙果真把小金球找了回来，公主想要反悔，国王却告诫女儿要信守诺言。青蛙和公主在一起后变成了王子，王子和公主幸福地生活在了一起。多么离奇的故事！可以说，作者将 99% 的精力都用在了构思上，而大部分人只要听一遍，就会终生难忘。所以，在小学阶段，教师应主要培养学生的构思能力，能把一个又一个有趣的构思写下来，那才是真正的“笔力”。而我们推崇的那种细致入微的描写、那种入木三分的刻画，让学生上中学后再开始学吧，让精致化的教学来得晚一些。

所幸，统编小学语文教科书中已经有了这样的内容，例如六年级上册第五单元的“习作”为“围绕中心意思写”。真希望这样指向构思的作文指导更多一些。

此外，童话故事还告诉我们，教学生写作，应从让学生爱上故事、爱上写故事开始。孩子还是小婴儿的时候，母亲夜里都要起身喂奶，其中的艰辛自不必说。母亲之所以能坚持下来，是因为心中有爱。写作文也是一样，如果只让学生学技法、用技法，学生是很难坚持下来的，即便坚持下来，也像是一个稻草人在风中舞动没有灵魂的躯体。只有让学生爱上写作，让学生感觉到自己构思的故事很特别，被人推崇、受人喜欢，学生才能有继续往下写的动力。

三层支撑让写作教学更加有效

写作教学历来是难点。一线教师也一直试图教好，但不少教师在屡次失败后，又退回到旧时的三步教学法：第一步是简单布置任务，例如，告诉学生接下来要写些什么；第二步是给出写作建议，例如，告诉学生可以怎么写，可以用哪个方法；第三步是潇洒发出指令，教师最常说的是“开始写吧”。之后，就等着收获写作成果了。

写作的结果自然会有，因为教师给出了指令，学生不得不写。但这样的结果是可想而知的：学生能写出来，却与教师无关；学生能写出一堆文字，却与写作能力的提升无关。为什么？因为在整个写作过程中，学生没有获得教师的辅助，得到的只有教师的命令。

也许你会说，教师也给出方法了。教师确实传授了一些方法，但那些诸如“正面描写”“侧面描写”“动静结合描写”等标签化的方法，只是生冷的条目，学生在写作过程中是很难用上的。学生每次遇到困难，可能都会写自己熟悉的内容，而不会用到教师教的方法。

学生若每次都这样应付，写和没写，没啥两样；教师若每次都这样简单布置任务，教和没教，没有区别。有效的写作教学，应直面写作难点，有层次地提供教学支撑，让学生能在原有基础上获得提升。我以统编小学语文教科书四年级下册第八单元“习作”版块的“故事新编”为例，介绍如何设计三层支撑。

此次习作要求学生重新编一个《龟兔赛跑》的故事。大多数教师教学时依然停留在提要求的层面。例如："你觉得乌龟和兔子第二次赛跑，结局会是什么？请大胆展开想象，将比赛的过程和结果写出来吧。"请注意，这里的"大胆展开想象"就是标签化的方法，空泛的标签取代了教师在教学中应给予学生的辅助。可想而知，当学生的想象不尽如人意时，教师的评价就会是"想象不够大胆，请大胆展开想象"。这样做教学效果并不理想。如何解决学生真正面临的写作困难？如何为学生写作提供支撑？三层支撑的教案可以这样设计。

第一层支撑：布置任务，帮助学生找到写作方向

这一层是绕不过去的。写作之前，我们必须让学生明晰方向，明白要写的内容是什么。

以"故事新编"为例，在学生按照教材的指导意见，设想好新的故事结局之后，教师可以明确指导学生要写什么，帮助学生找到写作方向。例如，教师可以这样阐述："在写作时，乌龟和兔子，两个主角都要写；主角在比赛中的想法和做法，也都要写清楚。"教师不仅要给出写作任务，告诉学生写作内容，还要清楚地指出内容中包含的写作要素，如"两个主角""想法""做法"等。这是帮助学生顺利写作的最基础的写作支撑。

第二层支撑：阐释意义，激活写作内驱力

接下来，我们需要让学生明确：按第一层支撑的写作方法写，到底有什么用？能发挥什么功能？为了帮助学生明确意义，教师可以做如下指导。

首先，明确写作的顺序。此前，学生已按照教材的要求，确定了新编故事的结局。现在请学生根据结局，设计好故事发展的情节顺序，这是写出全篇故事最紧要的“规定动作”。情节顺序和之前确定的故事结局要呼应，要有一定的逻辑关系。

其次，明确写作的重点。故事情节有画面感，才能让读者喜欢看。因此，写作重点是用文字展示画面，带读者走进故事。

最后，明确写作的价值。描述故事的情节，是本次练习最重要的部分。但读者看的不仅仅是情节，还有作者的写作思路、写作水平。因此，作者应在这个部分加入自己的创意，展示自己的水平，给读者留下深刻的印象。

我们务必要重视第二层支撑的教学，学生只有明确所写内容的功能与价值，清楚地知道自己在干什么，才能更有动力。对写作意义的阐释，可以让学生明确写作方向，产生写作的内驱力。少了第二层支撑的教学，学生很多时候是在“为应付任务”重组文字而已。

第三层支撑：提供方法支架，确保写作流畅度

有了以上两层支撑，学生便初步具备了写出好文章的可能。但一旦遭遇具体的写作障碍，学生很可能止步不前。此刻，方法支架就是

最好的支撑。

在教学中，教师应提供具体可操作的方法，帮助学生顺利、流畅地写出文章。例如，光告诉学生“要把想法、做法写清楚”是不够的，教师可以将从原文故事里提炼出的方法教给学生。

我们可以结合《龟兔赛跑》中的片段，让学生提炼原文故事的具体写法：先写出兔子的发现（乌龟被远远地甩在了后面），再写出兔子根据发现产生的想法（觉得自己肯定可以获胜，决定休息一会儿），最后写兔子的行动（在树下坐了下来，很快睡着了）。兔子的眼之所见、心之所想以及身体的行动，都是一致的，这些因素共同造成了兔子最后的失败。教师可以提示学生：写作的时候，要注重顺序，先写发现，再写根据发现产生的想法，最后写做法。这样写能让故事情节更加清楚。

这一步十分关键。据我观察，学生大多只是干巴巴地写下一两句话。例如，“乌龟使用了飞行器，获得了胜利。”“乌龟脚踏风火轮，第一时间冲到终点。”胜利和失败，都来得太突然，读者只获得了结果，而不知道这一结果的来龙去脉。给予方法，有助于学生将过程描写清楚，让故事更好看。

反过来思考，如果不提供方法支架，又会如何？学生可能写得很“大胆”，但并没有把过程写清楚，也无法复制、迁移、延伸。此外，故事可能很干瘪，写作最终沦落为比拼“看谁写得更离奇”。我们也许会看到诸如“外星人来帮忙”等异常大胆的写作内容，但这样的新编故事，和原故事关系不大，也无法像《龟兔赛跑》一样成为经典。

方法支架可以切实帮助学生顺利地写出结构清晰的片段，帮助学生在顺利输出想法的同时，将大胆的想象合理地表现出来。

这三层支撑，可以让教更有逻辑，让学更有效果。

如何统整同一单元的“口语交际”和“习作”教学

很多教师已经发现，统编小学语文教科书的编撰非常有特点：单元中明确亮出教学目标；单元学习内容是围绕教学目标而设计的；教师对单元学习结果的评价，也依据教学目标进行。

很明显，统编小学语文教科书注重整体统整教学，整个单元可以被看成一个系统，编者围绕这一系统的核心，有序地组织材料，展开编排。特别有意思的是，不少单元中的“口语交际”和“习作”是极为和谐的，二者有着千丝万缕的关联。

单元统整教学，将“口语交际”和“习作”联动备课、执教，既有教材编撰体系的支撑，也有助于减轻一线教师的教研压力。最重要的是，“口语交际”和“习作”能够在统整教学中协同发展，产生更为优质的教学效果。我以统编小学语文教科书四年级下册第七单元为例，介绍如何做统整教学的规划。该单元的“口语交际”为“自我介绍”，“习作”为“我的‘自画像’”。这两部分内容体现了三个“统整”。

第一，统整于话题的一致性中。

编者安排这两个学习内容，目的都是让学生通过观察自我、反思自我的行为，重新认识自我，促进自我成长。学生在完成学习任务的同时，还可以学会自我推荐，达到“向他人介绍自我”的交际目的。

话题的一致性，让本单元的“口语交际”和“习作”可以实现统整备课。

第二，统整于从口语到书面语的发展规律。

“先说后写”是我们设计教学时常用的模式，几乎成为一种规律。从口头语言到书面语言的转化，可以借助本单元的“口语交际”和“习作”教学实现。只有说清楚了，才能写得明白，“口语交际”和“习作”教学，原本就是一脉相承。

第三，统整于对情境的观照之中。

不论是“口语交际”的“自我介绍”还是“习作”的“我的‘自画像’”，教材都为其设定了情境。交际和表达都是基于一定的情境完成的。例如，在“自我介绍”中，教材安排了和别人初次见面、转学到新学校、应聘校报记者等不同类型的情境，并要求学生针对不同的交际对象进行自我介绍。在“我的‘自画像’”中，教材创设了这样的情境：“假如你们班来了一位新班主任，他想尽快熟悉班里的同学。请以‘我的“自画像”’为题，向班主任介绍自己，让他更好地了解你。”可见，无论是“口语交际”还是“习作”，学生都不是对着空气呐喊，也不是漫无目的地随便说说，而是基于教材设定的环境背景，在具体而真实的交际任务中去实践。

基于情境，设计有具体任务的表达学习实践，是教材的创新之处。但一线教师在执行时容易走偏，或是被经验所遮蔽。在进行教学设计与执教时，一线教师可以从三个方面提醒自己。

提醒一：树立情境化表达的理念

在进行“口语交际”和“习作”教学时，我们应将“认识情境”

作为备课、执教的首要考虑因素，并引导学生充分考虑情境。事实上，准确认识情境也是两部分教学需要突围的难点。

例如，在“自我介绍”中，不少学生没有转学和应聘校报记者的经验，若硬要他们表达，他们也说不到点子上。又如，在“我的‘自画像’”中，“向新来的班主任介绍自己”是个有趣的情境。新来的班主任对班级管理有什么需求？对同学的发展有什么愿望？对旧的班级管理有什么改变计划？这些人与事，与环境一起，构成了情境。学生只有理解了情境，才能有效顺畅地表达；否则，说了也白说，写了也白写。

树立情境化表达的理念，是统整教学的第一要义，也是一线教师在执教统编小学语文教科书时要面临的全新命题。

提醒二：引导学生摆脱对旧的表达经验的依赖

不论是“自我介绍”，还是“我的‘自画像’”，都属于老话题。面对这一类话题，学生很容易按套路说，按套路写，新瓶装旧酒。例如，写外貌时总喜欢写柳叶眉、樱桃鼻、莲藕手、杨柳腰，把自己写成了“植物人”；而讲特长时，似乎每个人都会画画、弹琴、跳舞。本次“口语交际”和“习作”教学，应该让学生突破旧的表达经验。例如，在教学“我的‘自画像’”时，应该重点指导学生如何向新老师介绍自己，告诉老师自己能为班级做出哪些贡献。在教学“自我介绍”时，应该重点指导学生面对不同情况，如何说得有所不同，如何尊重口语交际中的对象，树立交际中的对象感。

在专业的表达教学中，每一次教学的核心都不一样，每一次表达的内容、效果也不一样。好的教学不让学生走老路，不允许学生仅仅把旧的内容重复背诵一遍、重复输出一次。好的教学，可以适当地融入旧经验，但需要完成全新的认知生长、知识建构、能力提升。

提醒三：突出写作的真正价值

表达的价值是什么？很少有一线教师在备课、执教时思考这一上位的问题。其实，正是因为我们缺乏上位的思考，过分注重教学技法、操作步骤、课堂细节，才导致我们的教学细碎零散。

例如，我们在总结写作的属性、口语交际的性质时，倾向于将其认定为一种“训练”。所以，我们不断增加练习的数量，提升强度。然而，我们发现统编小学语文教科书的编者，除了注重练习属性之外，还有意指引学生通过表达实践，重塑对表达功能的认识——自我表达和与人交往。重新认识表达的价值，实现“向内”与“向外”两条路径、双重意义的建设，也是本次“口语交际”和“习作”教学的关键教学点。

学生若在“口语交际”和“习作”实践中学会如何交朋友，同时对自己有了更加清晰的认识，教学将更有价值。

单元统整备课，是一个值得深入思考和持续研究的话题。一线教师在实践中要放开脚步，提升格局，不要过多关注下位的技法，而要更多地从上位的观念上去改变，从对教材的审视与解读中寻找突破口。相信有了对教学本质的全新认识，我们会发现一个全新的教学世界。

认清写作过程，走出写作教学的误区

小学写作教学，有两个较为典型的误区。

第一个误区是，写作开始前，教师习惯发号施令，将“提要求”当作“实施教学”。例如，教师会正儿八经地告知学生：本次习作要写一件“难忘的小事”，注意“叙述过程要清晰”“事件描写要具体”“要表达出真情实感”。发布完指令后，以一句“开始写吧”，让学生“按令行事”。

第二个误区是，在学生写完初稿后，教师全力进行“美颜加工”，并以此当作提高写作质量的“救命稻草”。教师可能亲自上阵，代笔修改，也可能让学生自己修改。所谓的“修改”，也只停留在对文字的加工、润色上。例如，在“说”字前叠加副词，更为丰富地表现人物“怎样说”，一个不够就加两个；又如，将词语替换为成语，或是进行半文半白的改装；动辄用比喻、排比……这一类制作技术传播快、流传广，经久不衰。

沉迷于两大误区之中，实施不当的教学，无异于人为地制造问题。

有些教师没有真正介入学生的写作过程，而是在学生完成作文后，基于学情诊断确定教学内容，展开作文教学。也就是说，教师是在等学生的作文出现各种问题后才有所作为，而不是在学生拿到写作任务时就开始有效介入，引导、帮助学生完成一篇合格的习作。

朱作仁教授曾经直接批评这样的教学不符合学生的生活经验和实际需要。刘锡庆教授也曾指出，这样制作出来的语篇文学性不足。王荣生教授则直接称其为“小文人语篇”。

困于误区，源于误识未除。很多教师对写作的完整过程缺乏认识，一直没有准确找到习作教学的研究方向。文章并不都是一蹴而就的，特别是小学生的习作，讲究充分展开学习的过程，让学生充分经历学习的阶段。

学生写出一篇文章，至少要经历五个阶段。

第一个阶段，预写。学生进行构思、选材、立意，对文章进行组织、谋划等。教师不能简单地发布号令，而是要组织学生进行“头脑风暴”，对命题进行思维碰撞，努力让每位学生都在这一过程中，获得个性化的写作灵感。

第二个阶段，起草。开始写作后，学生会遇见写作中的真问题、真困难。例如，这一句该如何表达，那一个段落该怎样组织，文章以何种结构组合等。此刻，学生真正需要教师的辅助，教师是学生的“学伴”。

第三个阶段，修改。第四个阶段，校订。这是两个不同的环节，修改不等于校订。有老师错误地以对文字的加工、润色等校订的程序，取代了修改。修改是给文章“动手术”，校订则是对文字表达进行微调。修改包括改素材，使其更符合主题的需要；改主题，使其更具备传播价值，富有正能量；改结构，使其更有利于读者接受；改文体，以更合适的方式呈现写作内容；等等。

第五个阶段，“发表”。在统编小学语文教科书三到六年级的五十九次习作中，编者几乎都对“发表”做了提示。例如，读给同伴听、读给父母听、和同学交换读、将文章张贴在班级的墙报上等，“发表”的形式多种多样。“发表”文章不仅可以让学生获得习作的成就感，还可以帮助学生发现问题，进行二次修改。

有了对写作过程的了解，教师便能更加科学地指导学生习作。教师不要只“重两头”，不要只顾发号施令，也不能只顾进行事后的弥补。在整个写作过程中，教师应注意让“教”随机嵌入，让有效的指导和学生的写作实践相融合；要及时反馈习作成果和问题，实现“教—写—评”融合式推进。写作前，教师与学生共同商讨，确定写作构思；起草时，教师全程陪伴，及时发现典型问题，辅助解决；在文章写作的关键节点，教师可以暂停并进行集中辅导，帮助学生渡过写作难关；习作完成后，可以组织学生进行互评互改，对典型问题进行反馈，也可以对在写作过程中发现的个性化表达予以表彰。

在有效的写作教学中，教师类似于篮球教练——全程在场，全情关注，发现问题后主动协助，不断鼓励学生投入新一轮的实践。

教师只有改变对习作教学的错误认识，才能走出误区。所幸，统编小学语文教科书在关键时刻送来一股强大的助推力。教材的编者在安排每一个习作任务时，都清晰地提供了建议支架，明确地告诉学生以什么样的流程推进，并给出了表格、图示、提纲等，让写作前的构思可视化。这样的编撰方式，极具全程辅导的意味，可以帮助学生克服写作中遇到的困难。

教写作，不要迷恋“看起来很投入”的样子

美国优秀教师凯利·盖勒格（Kelly Gallagher）在《人人皆可为优秀写作者》一书中，提出在写作教学的课堂上，应进行“高强度的写作指导及实践”[①]。

“高强度”是一个极其容易被误解的概念，最常见的误解就是简单地从时间设定上提升强度。粗暴的解读催生了很奇特的评价标准。例如，有人提出，评估写作课是否优质的标准为写作时间的长短，其中，超过十五分钟为“优秀”，少于十分钟则为“不合格”；写作活动必须由学生独立完成，教师不能轻易打扰。

乍一看，这样的标准确实保证了写作的时间。而且，整个过程静悄悄的，学生“看起来很投入”，这真让不少教师感到迷恋。为什么会这样呢？原因是教师对学生在写作过程中到底经历了什么几乎一无所知；同时，又划分不清“教学写”与“自由写”的边界。“教学写”与“自由写”不同。以教科书中的习作教学为例，与“自由写”相比，“教学写”具备以下三个特点。

其一，对教材“训练点”的认定。在教学之前，教师应认清教材的训练点——本次习作要写什么与要通过写作提升什么。以统编小

① 盖勒格. 人人皆可为优秀写作者 [M]. 邓林，译. 上海：上海教育出版社，2020: 84.

学语文教科书为例，每一个单元的导读页面都将“训练点”呈现出来了。认定、分析、理解“训练点”并不是难事。

其二，对写作“支撑点”的预估。在写作过程中，教师要预测学生即将遇到的困难，提供写作上的专业支持，传授本次写作活动中涉及的核心知识。这不是静态的知识分享，而是动态的嵌入——在学生需要的时候及时提供帮助。

其三，对教学“着力点”的部署。嵌入是否有效取决于教学前的设计是否充分。教师要瞄准写作的困难，部署好教学的“着力点”，通过教学设计帮助学生克服困难，让教学成为学生顺利写作的最有力支撑。

“教学写”不同于“自由写”，既是课堂教学，教师自然无法逃离现场。学生需要帮助，因为真正的写作困难，在“开始写”之后才会出现。优秀的教师，或因为自身拥有丰富的写作经验，或因为有更多的先见之明，总能预测到困难，事先做好设计与安排。无论如何，都不应是“不打扰”的。相反，在适当的时候打断“埋头苦写”的学生，阻断其惯性思维作用下的“以字数冲量”，在他们遇到问题时及时反馈、答疑解惑，才是教学应有的姿态。

例如，统编小学语文教科书四年级下册第五单元的“习作”是“游________”。在交代从一个景点至另一个景点的转换时，学生很可能会直接切换。因此，教师应提示学生使用好过渡句。教学设计可以分为五个环节，教师的“教”可以这样嵌入：①学生写出一个景区中至少两个景点；②参照习作例文《颐和园》，提取有关过渡句的知识点；③修改草稿，在两个景点之间增加过渡句；④继续推进，完成其他景点的写作；⑤增补文章的开头与结尾，形成呼应之势。

这五个环节中的每一个环节教师都要参与。教师是经验丰富的教练，在学生遇到问题时应提供咨询。在帮助学生解决问题的实践过程中，教师的经验值有所增加，进而成为更加优秀的资深教练。师生都在学习活动中成长。

《人人皆可为优秀写作者》一书中提出的“高强度的写作指导及实践”，不是指孤立地让学生自己写，拼命码字，而是指让学生在教师的参与下完成写作。这样做的目的是让学生完成习作的同时，实现认知能力的提升。在教学过程中，“高强度”有以下几个方面的表现。对其进行分析与借鉴，我们可以找到提升写作教学质量的基本路径。

第一，“通过和学生一起写作，揭开写作过程的神秘面纱”①。

所谓“和学生一起写作”，可以理解为学生写，教师也写。师生一起面对写作过程中的困难。“和学生一起写作”还可以理解为师生一起参与写作过程，即教师时时在场，与学生协同完成。教师陪伴学生，才知道其中的酸甜苦辣，才有资格和学生一起分享写作带来的快乐。

第二，“经常让学生选择作文话题”②。

统编小学语文教科书中以命题写作为主。那该如何让学生选择作文话题呢？教师可以对“选择”这个词进行拓展。例如，有些作文命题中提出了几条建议，或提供了多个选项，教师可以让学生进行选择。有些是半命题作文，这更是让学生选择的好时机。例如，“我学会了……”，学生可以选择写自己擅长的写作内容；“……即景”，学生可以选择写自己熟悉的景物；“我想对您说”，学生可以选择写作的对象。

更好的选择，是让学生自己确定写作内容。统编小学语文教科书

①② 盖勒格. 人人皆可为优秀写作者 [M]. 邓林，译. 上海：上海教育出版社，2020: 85.

对此也留有空间。例如，“故事新编”“奇妙的想象”“这样想象真有趣”等都给了学生更多的选择空间。

除此之外，最佳的选择就是真正的自由写作，学生自主命题、自选素材，这一类写作应成为课堂写作的有益补充。

第三，“教学生为了真实的目的、面向真正的读者而写作”①。

教学生为了真实的目的、面向真正的读者而写作，才能让学生感受到写作的意义。相反，学生若仅是为了提交给老师一份作业而写作，是无法感受到快乐的。

教学生为了真实的目的、面向真正的读者而写作，还有助于发挥习作中“与人为善”的正能量。例如，统编小学语文教科书四年级上册第二单元的“习作”为“小小‘动物园’”，教学时我们可以将教学目标设定为“让家人感受到浓浓的亲情”。学生写完文章后，要读给家人听，得到家人的认可。学生把家人想象成动物，既可以捕捉到家人的特点，又营造了浓浓的家庭生活氛围。对“真”的重视，使学生不至于简单地关联，把爸爸生硬地写成猪，把妈妈写成会吼叫的狮子。学生会顾及对象的感受，瞄准对象身上的特征进行写作。文章中传递的正能量也在这样真实的写作中得以体现。

第四，“给学生有建设性的反馈意见”②。

在课堂教学中，这一点已经得到较好的落实。课堂上，很多教师会经常组织学生互评或师生互动，针对作品进行“头脑风暴”，让学生可以听取来自同学的意见。有的时候，同学的建议，更容易被学生采纳。

第五，“帮助学生克服‘我写完了，就完成任务了’的心理”③。

①②③ 盖勒格. 人人皆可为优秀写作者 [M]. 邓林，译. 上海：上海教育出版社，2020: 85.

这一点尤其重要。以往学生写完文章后，修改的事情就交给老师了。而我们应该告诉学生，写了不等于写完，要对自己的作品负责，不断修正。

用斯蒂芬·图尔明的论证模型，写出让人心服口服的说理文

在统编小学语文教科书中，说理文并不多见，但却是非常重要的存在。例如，六年级下册第五单元收录的基本都是说理文。这个单元的学习目标是“体会文章是怎样用具体事例说明观点的”。这个单元中的《两小儿辩日》选自《列子·汤问》，读起来非常有趣。短文描述了一场连孔子都“不能决也”的争辩，可见两小儿的说理真让人不敢小觑。这个单元中的《真理诞生于一百个问号之后》，更是举出了三个事例来说明真理与质疑之间的关系。学生阅读本文时应学习作者是如何用事例论证中心观点的。此外，六年级下册的《为人民服务》，五年级上册的《古人谈读书》，说理意味明显，读后让人心潮澎湃。

但是，在统编小学语文教科书中，能和“说理”沾边的写作练习凤毛麟角，大致有六年级上册第五单元的“围绕中心意思写”、六年级上册第六单元的“学写倡议书”……这些仅是带说理的意味而已。

然而，会说理，能写出让人心服口服的说理文，是极其重要的能力。说理凭借的是语言，但支撑语言的是思维，是作者的审美和判断。可见，说理文写作，与作者的核心素养关系密切，是教学中不应被遗漏的关键“一角”。

朱光潜先生曾在文中说：“学写说理文，首先就要学会思考，而

这要深入生活，掌握事实，再加上对分析和综合的思想方法的长期辛苦训练。”[①] 原因很简单——“语言总是跟着思想走，思想明确，语言也就会明确，思想混乱，语言也就会混乱。如果不先把意思想好就下笔写，那就准写不好。”[②] 所以，朱光潜先生主张——说理文写作，思想和语言总是要维持辩证的关系，不想就不能写，不写也就很难想得明确周全。

说理文的“难”，就难在思维是“看不见”的。而教学要展开过程，让“看不见”的思维过程“被看见”。思维与语言并行，是突破说理文写作难点的关键。一味提醒学生“把道理讲清楚”，或者只简单发出“摆事实＋讲道理”的模糊指令，学生依然无法写出让人心服口服的说理文。

董毓在《批判性思维原理和方法：走向新的认知和实践》一书中，介绍了英国哲学家斯蒂芬·图尔明（Stephen Toulmin）在 20 世纪 50 年代提出的论证模型。斯蒂芬·图尔明认为，一个好的论证，应该由根据、断言、保证、支撑、辩驳、限定六个部分组成。[③] 这六个部分构成说理文的写作框架。我们结合这一框架，嵌入说理的内容，便可让“说”的过程清晰可见，让“理”被人信服。

第一，摆出“根据”是说理的前提。

论证一件事，或者讲清一个道理，不能自说自话，自以为是，也不能单纯靠自己的叙述。所谓“口说无凭”，我们需要用事实来佐证。最好的说理，是从列举数据或事实开始的。例如，《真理诞生于一百个问号之后》罗列了三个事例，这比空洞地说理更有效。学生写

①② 朱光潜. 艺文杂谈 [M]. 合肥：安徽人民出版社，1981: 194-195.

③ 董毓. 批判性思维原理和方法：走向新的认知和实践 [M]. 北京：高等教育出版社，2010: 120-121.

作时，我们应鼓励学生搜集数据及事例，以事实服人。

第二，“断言”即给出结论。

“断言”是指要明确地提出自己要陈述的观点，提出自己的主张。发出断言时，有一类说理者类似“狐狸”。他们善于做平衡术，总喜欢说一些“这样也对”“那样也行”的话。例如，他们会说：“能否写出一篇好作文，是由文化、教育、教学方法决定的，也许还与经济基础有关……”

我们要提醒学生清晰、简约地表述观点，并使其与文中的事例和数据保持一致。

第三，“保证”是连接证据和结论之间的桥梁。

所谓“保证”，是指为提出的观点寻找的学理依据。要让观点靠得上、说得通、立得住，我们就要看看有哪些原理、规则和观点与之匹配。“保证”让论述变得更加恒久、坚定。例如，说理文《真理诞生于一百个问号之后》，作者在文中举出相关事例后，学生会产生“由问题引发发明与发现”这一初步认识。之后，教师可以从更多角度，引入课外的案例，展示人类历史上许多发明和发现都是由问题引发的这一规律，再引用名人语录，让学生之前产生的初步推断得到确证。

第四，“支撑”的作用是支持“保证”中的陈述。

“支撑”不是直接为得出结论提供辅助。“支撑”重在支持“保证”，表明这些普遍原则或关系是真实存在的。可见，寻找到“保证”之后很重要的事，是为“保证”提供“支撑”。

第五，“辩驳”是对反对意见的反驳和说明。

我们提出观点后，一定有反对的观点，我们不能视而不见，而应予以回应。例如，论证“真理诞生于一百个问号之后”，可以先自问

"是否有些发现，源于偶然"，再进一步表述"偶然的发现只是开始，不断发问、深究，才是获取真相、最终达成目标的途径"，通过反例证明"真理诞生于一百个问号之后"的观点。

第六，"限定"是指为自己的观点限定适用范围。

所有观点，都不是放之四海而皆准的，一定有其适用范围。论证一个观点，越是给出精确的"限定"，对其边界有清晰的描述，越显得可靠、可信。例如，论证"真理诞生于一百个问号之后"的观点时，我们可以说明这一观点的适用范围——自己感兴趣的问题。

有了斯蒂芬·图尔明的论证模型，学生要提升说理文写作能力，就要提高个人的认知能力和语言表述能力，这些源于生活与积累，不是教师一个人能教、能给的。魏智渊老师认为，要优先让学生认识底层逻辑，进而再提升训练。如果将他的观点和斯蒂芬·图尔明的观点相结合，并应用在写作教学中，可以表述为：让学生充分获取底层逻辑；明确写作的框架、模板；搜集相关信息；形成并提炼观点。

发现教材习作例文中的结构之秘

杰罗姆·布鲁纳（Jerome Bruner）在《教育过程》一书中说，学习的意义在于为将来服务。也就是说，今天的学习成果，能在明天的生活中被加以运用。运用分为两种：一种是特殊的运用，即特殊迁移；另一种是普遍的运用，即普遍迁移。

杰罗姆·布鲁纳在书中提出了自己教学论的中心思想。他认为，不论我们选择教什么学科，务必使学生理解各门学科的基本结构，这是在运用知识方面的最低要求，它有助于解决学生在课外所遇到的问题和事件，以及在日后训练中所遇到的问题。他还认为，教学与其说是使学生理解掌握学科的基本事实和技巧，不如说是教授结构。

基础教育更注重基本知识、基本技能、内部原理和根本态度，更重视在最为广泛的情况下发生迁移，即普遍迁移。例如，在写作教学中基本结构指组成文字的各种方式，包括大家熟悉的承上启下、照应、铺垫、衔接、伏笔、开门见山、先总后分、先景后情、卒章显志等。在习作教学中，将隐藏在文字背后的结构凸显出来，让学生获取并进行迁移，其教学价值大于简单地让学生刻意模仿他人的文字。

例如，在统编小学语文教科书四年级上册第五单元的习作例文《小木船》中，有这样一段描写：

有一天，发生了一件不愉快的事。我们俩温习完功课，把自己在舰模小组做的小木船拿出来玩。我见他那只做得很精致，就拿在手上，翻过来掉过去地看，总舍不得放下。不料我一失手，啪的一声，小木船掉在地上，摔坏了。他一看，急了，哭着要我赔。我上前分辩说："我不是故意的。"他生气地说："谁叫你不小心，非赔不可！"还用力推了我一下。我往后一退，正好一脚踩在小木船上，把它踩碎了。这一下，陈明更生气了。他拿起我的小木船，使劲摔在地上，用脚踩了两下，一把抓起书包，头也不回地走了。看着被他踩坏的小木船，我也气得说不出话来。我们的友谊从此破裂了。

为了指导学生写作，编者加了批注："友谊破裂的过程写得很清楚。"

"了解作者是怎样把事情写清楚的"是本单元的教学目标。教学时，不少教师从"听到的、看到的、想到的"三个方面，与学生一起分析"作者在文中写了什么"。例如，关注文中的对话——"我上前分辩说：'我不是故意的。'他生气地说：'谁叫你不小心，非赔不可！'"；关注文中对人物动作的描写——他"用力推了我一下。我往后一退，正好一脚踩在小木船上，把它踩碎了。这一下，陈明更生气了。他拿起我的小木船，使劲摔在地上，用脚踩了两下，一把抓起书包，头也不回地走了"；关注文中对人物内心活动的描写——"看着被他踩坏的小木船，我也气得说不出话来。我们的友谊从此破裂了"。

这样教学，学生究竟能获得什么呢？

第一，学生获得的依然是"他人的写作内容"。

以上内容不需要指导，因为文本就在那里，浅显易懂，学生一望便知，完全可以自己读。大张旗鼓地教授这些内容，只是对局部内容进行刻意放大和强调，实际上完成的是“从内容到内容”的平推，学生的认知没有变化，能力也不曾提升。

第二，学生掌握的是僵死的“标签化”知识。

这样教学的结果是，学生记住了写作文要写听到的、看到的、想到的，要写人物的语言、动作、内心活动等。学生对这些理论十分熟悉，却不知道该如何运用。学生学了却用不上，等于没学。

不便于运用的知识，是标签化的知识；不能迁移的技能，就是无用的技能。

第三，学生再一次接受了“生冷的写作指令”。

我们很多时候是这样教写作的：提供基本的知识条款—发出指令—让学生操作。最大的改进是在操作时，让学生去学习“他人是怎么写的”。其实，这也不是在教写作，而是在对他人的文本进行精致化的分析，然后试图让学生将分析结果，直接迁移到自己的写作实践中。请注意，师生确实在努力迁移，但迁移的不是“结构”，而是“结果”。一字之差，谬之千里。

统编小学语文教科书四年级上册第五单元的“习作”是“生活万花筒”，要求学生写清楚一个发生在生活中的真实故事。那么，上述习作例文中，到底有什么结构能够让学生在写“生活万花筒”时进行迁移？顺着这个思路，我们再来看一下习作例文。

首先，发现例文故事中的“变化”结构。

故事中的两个小朋友在交往时发生了意外，“不料我一失手，啪的一声，小木船掉在地上，摔坏了”。而意外还没有解决，另一个更意外的事情紧接着发生了，“我往后一退，正好一脚踩在小木船上，把它踩碎了”。两个意外叠加，使两个小朋友产生了激烈的冲突，文中是这样表述的："这一下，陈明更生气了。他拿起我的小木船，使劲摔在地上，用脚踩了两下，一把抓起书包，头也不回地走了。"教师要看到这里的结构：意外一更意外一激烈冲突。这是一个"变化"结构。

其次，提取例文故事中的"变化"结构。

在教学中，我们要让学生清楚地看到这个结构，明白这才是故事最大的看点，是让故事好看的根本原因。要写好故事，就要写好"经过"，写出事件中的波折；故事中的人要经历变化，有起起落落，有丰富多彩的感受。这才是这一例文的核心知识点，也是本课的教学点。

获得这一知识点后，学生要满足"写出变化"这一要求，在选择写作素材时就要有所顾忌了：事件不能太顺利，事件中至少要有两个以上的人参与，事件要真实……

最后，鼓励迁移例文故事中的"变化"结构。

教师要鼓励学生将"意外一更意外一激烈冲突"这一结构，运用到自己的习作实践中去。

至于说学生具体要写什么内容，要用哪些修辞手法等，不是教师所能指导的。学生的生活经历不同，选择不同。学生带着生活中的感受、经历，带着内容来写作，教师要做的就是给予居于上位的指导，引导其将内容转化为文字。

拯救作文“创意枯死症”，你可以这样组织“头脑风暴”

很多人在写作时，得了“创意枯死症”，一直找不到拯救自己的方法。美国作家威廉·津瑟（William Zinsser）在《写作法宝：非虚构写作指南》一书中说，作者“发现奇异的事实”时，可以获取无限创意，拯救“创意枯死症”。关键在于，如何发现奇异的事实呢？

在《写作是门手艺》一书中，刘军强教授请中山大学的政治与公共事务管理学院2018级的大学生，围绕一个谜题——“酒吧的凳子为什么那么高”，进行“头脑风暴”。未曾想，无数创意喷涌而出：

吧台的桌子高，凳子要跟桌子的高矮相符。

高凳子占用空间少，酒吧可以容纳更多客人。

以前凳子很矮，后来变高了，适合牛仔掏枪。（反驳：牛仔文化兴起前，别的国家的酒吧凳子也很高。）

有人打架斗殴时，客人能够快速起身。

高凳子扩大了客人的视野，使他们能看见调酒师的调酒过程。

酒吧人多空气不好，坐高了有利于呼吸健康。（反驳：发生火灾时应该低头，烟雾一般在高处。）

个子矮的上去就不轻易下来了，高凳子可以留住客人消费。（反驳：但是矮个子也不容易上去啊，去过几次嫌麻烦可能就不去了。）

坐高凳子容易摔倒，可以减少醉酒现象，减少麻烦。（反驳：你觉得来喝酒的人都这么理性？）

高凳子方便人们喝醉时扶着吧台，不会摔倒。[①]

我们发现，只要将这些充满创意的语句简单罗列，一篇文章就诞生了。文章的标题是《酒吧“高凳子”迷思》，一定很有看头。创作这样一篇文章毫不费力：抛出话题，组织讨论，记录想法，整理成文。

试想，若我们在构思这篇文章时，仍然使用科学测量、比对、论证的旧方法，也许我们能写出一篇严肃的议论文，但却无法呈现这样有意思的文章。可见，“头脑风暴”法很容易让参与者在放松的状态下，产生新观念或激发出新设想。

“头脑风暴”法又被称为智力激励法、自由思考法，由美国创造学家亚历克斯·奥斯本（Alex Osborn）于1939年首次提出。“头脑风暴”法诞生之后，立刻风靡全球，经过各国创造学研究者的实践和发展，衍生出了许多其他方法，包括奥斯本智力激励法、默写式智力激励法、卡片式智力激励法等。

使用“头脑风暴”法，能让学生写出有意思的作文，拯救“创意枯死症”。但是，在使用这个方法前，必须确定一个话题，即要讨论什么，要解决什么，要关注什么。讨论开始前，还要有一个“君子协定”，这是确保创意产生的根本。“君子协定”大致包括以下三条。

第一，一直说下去，不要评论。每个人都可以说，但是各说各的，不要停。一个人说完之后，其他人不要回应，也不要评价。理由

① 刘军强. 写作是门手艺 [M]. 桂林：广西师范大学出版社，2020: 59.

很简单，评价太耗时，而且评价很可能导致争论，让“头脑风暴”无法继续进行。

第二，随便说说，越多越好。不要太严肃，想到什么说什么，张口就说。“头脑风暴”的“风”，也可理解为“疯”。越“疯”，越有可能激发出创意。

其实，我们更担心的是，如今的学生“疯”不起来。一些学生思维不活跃，知识面很窄，讨论时谨小慎微。所以，用“头脑风暴”法组织写作，可能需要经历一个过程，不是一用就有效的。

第三，没有专利，只有共享。我们要与学生事先约定好，所有观点都是集体共享的。也就是说，使用“头脑风暴”法得出的创意，大家都可以写进自己的文章中。当然，选取哪些创意，是由每个学生自己决定的。“头脑风暴”法的核心目的就是将所有大家“想到的”和“想不到的”观点一网打尽。少了参与者的贡献，那还怎么刮起风暴呢？

此外，使用“头脑风暴”法组织学生写作，还有三个注意事项。

其一，这是写作课，不是游戏课。美国学者 M. 戴维·梅里尔（M. David Merrill）在《首要教学原理》一书中提出批评，他认为部分教师将组织活动当作教学，这必须引起借助活动实施教学的教师们的高度注意。在写作教学中，“玩游戏”和“写作文”历来既是一对如影随形的好朋友，又存在着随时翻船的假友谊。

其二，时间长短决定创意品质。时间怎么分配没有规定，但有原则，那就是要有利于写作，确保写作质量。“头脑风暴”的时间，总体上来说宜短不宜长。有专家研究过成年人的会议时间，认为会议应限制在 30—45 分钟之内。在写作课上使用“头脑风暴”法，我们必须与学生约定好发言时间。

倘若讨论的话题比较难，可以把一个话题进行拆分，再分别针对几个小问题进行“头脑风暴”，其间穿插进行写作活动。

其三，合理安排，才能确保有效。你说，我说，大家说，很有可能说完就完了。真要写作时，谁说了什么都不记得。因此，写作课上的“头脑风暴”，应该有组织、有安排。例如，可以使用电子设备，记录大家的发言内容；可以安排专门的同学（暂时不参与讨论）担任记录员；可以由教师记录讨论内容……总之，只有组织安排合理，才能确保写作效果。

拯救作文“创意枯死症”，可以尝试“头脑风暴”法。假如真有一篇用“头脑风暴”法写成的《酒吧“高凳子”迷思》摆在我们的面前，请不要鄙视。对创意的不屑，只能透露出你的无知和浅薄。

写作水平的提升，究竟靠什么

语言学与脑科学的研究者对思维与语言的关系极为关注，研究成果也趋于一致——语言与思维是联动发展的，思维水平的高低决定了语言能力的高低。那么，希望学生写好作文，要提升其哪一种思维呢？美国学者奥拉西奥·桑切斯（Horacio Sanchez）在《教育变革：利用脑科学改善教学与校园文化》一书中，从脑科学研究的层面，为我们提供了一个重要的概念——高水平思维。

高水平思维是指大脑将接收的新信息与先验知识结合起来的能力。简单地说，就是学习者将新知识和旧知识进行链接，之后再进行多维拓展、多点关联，形成全新的思维结果的能力。高水平思维有助于学生产生与众不同、更具创意的成果，同时，能让学生成为高素质的学习者。从写作学习的角度来说，具备高水平思维，更有可能写出高水平的作品。

我们先来看此书中记载的一个案例，看看高水平思维发生的过程。

一个孩子很小的时候就开始听童话故事。她父母每天晚上都给她读童话故事。有一个她最喜欢的故事，她要求父母每晚必读，而且是每天读的最后一个故事。她只需要看一看页面上的图片，就知道会发生什么。最后，她可以根据记忆背诵这个故事。当这个小女孩儿开始自己阅读时，她仍然喜欢童话。

…………

这个小女孩儿热爱她的童话故事，当她阅读时，她的父母可以通过女儿脸上的表情来判断故事的主人公何时遇到了麻烦。这些故事有时会让她流泪，但最终总是让她开心。有一天，小女孩儿告诉妈妈，她不再替故事中的英雄担心了，因为她注意到这些书似乎总是以“从前”开头，以“从此以后他们过着幸福的生活”结尾，她甚至可以预测在每个新的童话故事中接下来会发生什么。她现在知道总有一个英雄和一个恶棍。虽然对英雄来说，事情总是看起来很悲惨，但最终善良会战胜邪恶。①

看完案例后，你有什么感觉呢？你是否知道在这个案例中，高水平思维是如何培植的？同时，高水平思维是如何带来写作品质的改变的？

首先，高水平思维源于刻意练习。

在最初的阶段，学生必须高频率地接触所学的东西，对其产生尽可能多的感性认识。故事中的小女孩儿非常喜欢童话，所以“她父母每天晚上都给她读童话故事”。正是通过多次的接触，她获取了故事中“结构化”的核心知识。例如，“只需要看一看页面上的图片，就知道会发生什么”“总是以‘从前’开头，以‘从此以后他们过着幸福的生活’结尾”“总有一个英雄和一个恶棍”“最终善良会战胜邪

① 桑切斯. 教育变革：利用脑科学改善教学与校园文化 [M]. 任红瑚，叶川，译. 上海：华东师范大学出版社，2020: 71-72.

恶”……这些核心知识让小女孩儿成为“懂故事”的人。这是产生高水平思维的前提。

我们的学生之所以不会写作文，是因为看得不够，写得更不够，想要通过看一两篇例文，一两下解决习作问题，是不切实际的。《红楼梦》中有“香菱学诗”的桥段，黛玉教授香菱时，也讲究刻意练习——“你若真心要学，我这里有王摩诘的全集，你且把他的五言律读一百首，细心揣摩透熟了，然后再读一二百首老杜的七言律，次之再李青莲的七言绝句读一二百首。肚子里先有了这三个人的诗作了底子，再把陶渊明、应玚、谢、阮、庾、鲍等人的诗一看。你又是这样一个极聪敏伶俐的人，不用一年的工夫，不愁不是诗翁了！”[①]

其次，高水平思维需要“具身认知”[②]。

“具身认知”是心理学中一个新兴的研究领域，这个领域的理论告诉我们，生理体验与心理状态之间有着紧密的联系，生理体验能激活心理状态。我们在进行思考或参与活动时，可加入表情、动作，去想象画面，让身体的感受与思维产生更为密切的联系，以此去认识新事物。

故事中的小女孩儿喜欢反复观看电影，喜欢再现故事中的场景，还喜欢扮演故事中的角色。在阅读故事时，她有时会流泪，有时很开心，这是“具身认知”中“移情”的表现。这些反应表明小女孩儿在整个学习活动中，不是以单一感官参与，而是多感官协同。也正是因为这样，她阅读学习的效果特别好，她将故事转化为自己的知识，能

① 曹雪芹，程伟元，高鹗. 红楼梦：卷二 [M]. 蒙古王府藏本. 北京：外语教学与研究出版社，2020: 623.

② 桑切斯. 教育变革：利用脑科学改善教学与校园文化 [M]. 任红瑚，叶川，译. 上海：华东师范大学出版社，2020: 68.

轻易识别故事的结构并对故事结局做出预测。小女孩儿提取了故事的模板、形式等结构化的知识系统，建立了故事的概念。

学生的写作虽然也分全命题、半命题、自由命题，但本质上还是“命题作文”。这样单一的模式决定了学生只能在家中想，在桌前编。写作与生活和世界绝缘，学生不需要调动各种感官参与，用不到高水平的思维。在这种情况下，如果我们可以将各种活动作为写作的助力，让学生调动多种感官，不仅学生写出的文字更加有灵性，而且写作过程本身也能促进学生高水平思维的发展。例如，让学生在调查、参观、访问、动手制作后再写文章；又如，让写好的作文进入流通环节，使其发挥具体的功能，解决实际的问题等。这些都能激发学生的写作兴趣，提升其写作能力。

我曾设计过一次学习型写作活动——编撰“班级奇妙问题”。活动的创意源于一本名为《孩子提问题 大师来回答》的有趣的书。编者从 10 所英国小学数千名 4—12 岁的孩子提交的问题中，精选了 115 个最奇妙有趣的问题，并邀请世界各领域的顶级人物来解答。我借鉴书中的创意，让学生自由提问。我精选问题后，学生邀约名人解答，最后汇编成册。邀约的方式多种多样：电话联系、邮件沟通、面对面访问等。学生为了邀约到合适的回答者，想出了各种办法，做了很多尝试。寻找问题答案的过程就是一种有效的学习，学生的思维水平也得到了提升。

最后，高水平思维有助于学生产生创意。

据说不少科学幻想是在作者喝咖啡时产生的。可见，人在感到放松、自由、具有安全感的时候，就容易产生创意。

故事中小女孩儿的老师布置了一个写作任务——“写一个小故事”，并给学生充分的自由，而女孩儿做出的决定是“写一个看起来像悲剧的童话”，而且安排了不一样的结局——“最后一刻，英雄获胜”[①]。她敢于有自己的创意，是因为她在写作时有安全感，即我可以写我喜欢的，我有把握写出我想写的。

问题的关键是，如何让学生在写作时有安全感？

回顾整个故事，旧经验的积累及多次反复的刻意练习，让小女孩儿拥有了高水平思维，让她感觉自己有写作成功的把握；教师没有给予过多的约束，小女孩儿能够根据自己的理解进行发挥；评估系统也给小女孩儿带来了安全感，高水平的评价者能设身处地地去评价。

① 桑切斯. 教育变革：利用脑科学改善教学与校园文化 [M]. 任红瑚，叶川，译. 上海：华东师范大学出版社，2020: 71-72.

写动物，为什么非要创设情境

统编小学语文教科书四年级下册第四单元的“习作”是“我的动物朋友”。这与之前人教版教材中“写喜爱的动物”内容极为接近，但有一个重大的差别——统编教材在要求学生写动物的同时，创设了情境。教材在一开篇就提出要求：“从下面的情境中选择一个或者自己创设一个，向别人介绍你的动物朋友。”教材还配合着这一要求，提供了三个备选情境。

情境一：星期天放羊回来，发现我最喜爱的一只小羊不见了，我想请小伙伴帮忙找一找。

情境二：我们全家要外出旅行一段时间，只好请邻居帮忙喂养我的小狗。

情境三：我们家就要搬到外地去了，我想请一位同学收养我的小猫。

为什么写动物朋友，非要创设一个情境呢？创设情境的任务，给教学带来了一些问题。在现实生活中，养动物的学生并不多。所以，很多学生没遇到过和动物有关的情境，写作的时候就无法联系生活。即便是教材中提供的虚拟情境，也和学生的真实生活环境、真实体验相去较远，这造成情境本身的“陌生化”。如此一来，从选择或创设情境，到理解情境，再到基于情境动笔写作，这一连串动作，构成了全新的写作困难。

要是让我来写，我能很自然地创设情境，因为我家里养了许多动物，包括猫。如果我们全家都要去外地，猫一定是跟着我们一起离开的。因为我们将家里的动物当作儿女来看待，是不可能将其寄养在别人家的。

如果家里的动物离世了，我会通过写作来祭奠。我家中养的龟去世时，我为它举行了一个葬礼，还为它写了一本书《壮壮老师与作文魔法师》，其中的魔法师龟仙人就是以这只龟为原型。我家还曾养过一只蜥蜴，它去世的时候我也为它写了一本书《壮壮老师与作文预言家》。在这本魔幻作文书中，“预言家”的原型就是那只蜥蜴。

并不是每个人都能创设这样的情境，这需要真实的生活作为支撑。所以，很多学生只能通过想象生造情境。

那么，教材的编者为什么非要创设情境呢？我认为有以下三个原因。

首先，这是由命题的核心要素决定的。

这一次的习作命题为“我的动物朋友”。题目中的“朋友”就是命题中的核心，也是这一次写作和人教版有所区别的地方。试想一下，既然已成为朋友，必定是有交往的。正所谓“在一起，才有真爱”。要想写出自己对动物的喜爱，要想把动物当作朋友，没有交往，没有一定的情境作为基础，自然不行。情境让“我”对“动物朋友”的喜爱之情更加真切。

其次，这是由写作的类型决定的。

“我的动物朋友”不是纯粹状物，不是让学生写有关动物的科普文章。仔细审题后我们会发现，这是让学生写一个故事。在这个故事中，有“我”的存在，有“动物朋友”的存在，有“交往”的存在。在这里，情境成为一个共同的平台，成为“我”“动物朋友”“交往”这三个写作内容共同生长的“培养基”。少了情境，文章也就成了空中楼阁。

最后，这是由写作的功能决定的。

写作是作者认知成长的方式与途径。作者通过一次次写作，反思自己的生活。以“我的动物朋友”为例，在写作中，作者会反思自己是否对动物有所关爱，是否在与动物的交往中，获得真、善、美的体验。同时，反思自身对“动物朋友”的认知是否有所改变。

我们认识到情境的重要性后，就要思考如何创设好情境。虽然还有很大一部分学生没有相关的生活体验，但所有学生都要完成这一次的教材习作。我可以提供三个解决方案。

第一个方案：分享故事

有条件的教师，可以和学生分享自己的故事。例如，我就可以和学生讲述我和家中动物相处的故事。带有真实生活气息的故事分享，能够给学生带来写作灵感。同时，我还可以顺势创设一个情境——我要去外地支教一周，我不舍得将家里的加菲猫放在宠物店寄养，需要找一个特别有爱心的小朋友帮我喂养，直到我回来。

第二个方案：布置任务

教师可以布置一个与动物有关的任务，以任务激发起学生的使命感，以任务驱动学生进入情境，使其主动写作。例如，教师可以创设这样一个情境：有段时间，大熊猫饲养基地的竹子遇到病虫害，大熊猫的食物短缺，我们必须拯救大熊猫。教师可以借助这一事件，创设“拯救大熊猫”的任务情境，让学生在情境的驱动下进行写作。这样的情境创设，很容易激发学生的主动性，唤醒学生的责任心与使命感。

美国学者玛丽埃伦·韦默（Maryellen Weimer）通过对“学习中心”教学理论的深入、系统研究，提出要实现以学习者为中心，需要进行“学习者责任认定”。所谓“责任”，就是学习者在学习过程中必须承担的任务及要遵守的规定。学生有了明确的任务后，写作时就有了责任感和主动的意识，写作的状态就会发生变化。

第三个方案：联系生活

也许在学生的生活中，就有可用的、现成的情境。

例如，在许多班级中，也许曾经出现过饲养小动物的“风暴”；又如，有些同学曾养过仓鼠和春蚕……我们可以在教学中，适当回忆、认定、重放这些事件，将其转化设计成写作情境。这可以引发学生写作时的真切感受，有助于学生书写自己的交友故事。

“我的动物朋友”是统编小学语文教科书一次特别的设计。若对其理解不当，写作实践很可能会被情境创设所累；若对其充分理解，情境创设便可以成为学生的创作动力，并为学生带来一次全新的体验。

《蜘蛛开店》的结局很可能是蜘蛛关店

统编小学语文教科书二年级下册有一篇非常有趣的童话故事《蜘蛛开店》。课后练习让学生续编故事，不少教师就沿着故事中的思路，让学生思考：接下来，哪个顾客会来？蜘蛛会向顾客卖什么？

在老师的引导下，有的学生说蜘蛛决定卖手套，但是狗熊来了，它的手掌很大；蜘蛛决定卖眼罩，但是苍蝇来了，它有复眼；蜘蛛决定卖帽子，却来了一只有几个头的虫子……乍一看，学生的回答都不错，符合续编的要求，延续着课文的思路。但仔细思考后我们会发现，这样的续编也许是不合理的。

结合故事的发展逻辑，我认为《蜘蛛开店》应该有一个非常让人意外的结局——蜘蛛关店！为什么这么说呢？我有充足的理由。

第一个理由：童话故事的常用创作规律

我们很容易从众多的童话故事中发现一个规律——“三”的反复，即一个故事中有三个结构相同、内容相似的情节。《蜘蛛开店》中，也有明显的“三”的反复。例如：蜘蛛卖口罩，遇到了河马，累了一天；蜘蛛卖围巾，遇到了长颈鹿，忙了一个星期；蜘蛛卖袜子，遇到了蜈蚣，吓得跑回网上。我们在续写故事的时候，也许不应该无限度地重复下去。再往下重复，不仅作者写得不耐烦，读者也会感觉无聊。也许故事到这里，该有个了结了。

第二个理由：故事本身的逻辑

故事本身的逻辑，也支持我上面的说法。仔细揣摩这个故事，我们会发现确实能在结尾处得出蜘蛛会关店的结论。请注意看以下部分：

第二天，蜘蛛的招牌又换了，上面写着："袜子编织店，每位顾客只需付一元钱。"

可是，蜘蛛看到顾客后，却吓得匆忙跑回网上。原来那位顾客竟是一条四十二只脚的蜈蚣！

之前每次遇到困难，蜘蛛一直在思考如何解决问题。这一次，蜘蛛"吓得匆忙跑回网上"。它不再接待顾客，就是要了断、要结束这段奇葩的经历。故事应到此为止，这是最精彩的结局，也符合故事自身的逻辑。

我们可以反过来想：续写故事必须遵循其自身的逻辑。《蜘蛛开店》的逻辑是什么呢？那就是蜘蛛开店仅仅是希望打发"寂寞""无聊"，但开店给他带来了无穷无尽的麻烦。所以，故事中的蜘蛛应该会回到自己原有的生活中去。

第三个理由：精彩的故事需要情节的“突转”

我们细读文本后会发现，最后一个情节的写作手法和之前几个情节的写作手法有差别。在故事的最后一段，作者没有对四十二只脚的蜈蚣进行细致的描写。而此前，作者是这样写第一位顾客河马的：

顾客来了，是一只河马。河马嘴巴那么大，口罩好难织啊，蜘蛛用了一整天的工夫，终于织完了。

晚上，蜘蛛想：还是卖围巾吧，因为围巾织起来很简单。

作者写到蜈蚣时，就只说蜘蛛“吓得匆忙跑回网上”。作者为什么这样写？因为蜘蛛知道结果了，也明白自己遇到大麻烦了，还知道靠自己的实力无法解决问题。此时，故事出现了“突转”。

蜘蛛是因为觉得好寂寞、好无聊，才想着要开店的。从蜘蛛崇尚悠闲生活的取向来看，它极有可能结束开店经历，回到无聊、悠闲的生活中。各个因素汇聚到一起，暗示了蜘蛛可能会选择关店。

我回忆起另一个相似的故事《小猪变形记》。故事中的小猪，想变成其他动物的样子，几次模仿其他动物均告失败后，突然领悟——当一只在泥塘里打滚的猪最好。可见，童话故事需要在关键处实现情节的“突转”，我们不应无止境地编写相似的故事情节。

从教学角度来说，让学生往下编一两个相似的故事情节是可行的。但学生编两三个之后，教师应告诉学生可以有另一种编写方法——蜘蛛关店。

第三章

备出学生爱上的阅读课

如何上好整本书导读课

毋庸置疑，时下大家对整本书导读课比较关注。不少学校专门成立了课题组，专项研究这一类课到底该怎么上。

老师们在实践中会遇到很多问题：整本书导读课，到底该怎么上？有什么固定的教法吗？有哪些可用的教学模式吗？这些问题似乎都有答案，但又似乎不需要回答。真正会读书的人会说："读书这件事，干扰越少，越纯粹，效果越好。"但我们必须将这类课设计好，因为我们希望学生通过这类课爱上阅读。

上好整本书导读课有一个重要的前提——这本书，教师真的读过，而且非常熟悉。不仅要反复多次阅读，而且要去拓展，例如，读与本书相关的文学评论，读名人推荐，读相关的读后感等。这是教师备课的重要前提，教师拥有足够多的资源，才能上好整本书导读课。

以我与青年教师李明霞合著的《拯救球球部落：令人捧腹的趣味教育故事》为例，我和大家分享如何设计整本书导读课，才能让学生在课后兴致盎然地阅读。我执教的前提是，我对要导读的书知根知底。我就是这本书的作者，我会怎么上这本书的导读课呢？我会跟学生聊以下四个话题。

第一个话题：分享我的读书故事

每节课都有导入环节，我们不妨在整本书导读课的导入环节中分享一些和这本书有关的故事。

我会从创作这本书的初衷说起。一次偶然的机会，我读到一本特别有意思的书，书的作者将晦涩难懂的经济学知识融入家长里短的故事中。我读完这本书后得到一个启发——我也可以将同学、老师、家长想要了解、感到好奇的教育学知识写成故事，故事的发生地就是原始部落。这样一来，读者既能读到故事，又可以了解教育学，一举两得。教育学一直伴随着人们的生活，在社会的发展、进步、演变中孕育改变。教育学中的各种现象、各个名词，也都随着人类的生活而不断发展。将这些融入发生在原始部落里的故事中，不是很有意思吗！于是，我就开始着手创作这样一本很有创意的书。

瞧，在我很自然地和学生说起这本书的创意时，课堂的导入部分也就自然地同步完成了。导入完成后，他们会高度关注：这到底是什么样的原始部落啊？原始部落里竟也有教育学？教育学中那些难懂的名词，到底是什么意思啊？学生可以在读完故事后将这些问题弄明白，导入部分让学生对本书产生了浓厚的兴趣。

第二个话题：展示我的读书成果

我是本书的作者，对这本书知根知底。如果你也对导读的书十分熟悉，不妨在课堂上展示你的自信。一来，可以引起学生的好奇心、好胜心与高度的关注；二来，可以引发学生自发阅读的兴趣。具体来说，可以有以下三种操作方法。

ஃ 方法 1：你来翻，我来读

我们可以让学生随意指定书中的页码，我们马上翻开书本为他朗读。只要教师认真读过这本书，翻开任何一页，都可以流畅地朗读其中的内容。不但能读，还能读好。要知道，这样的示范能给学生巨大的激励。

ஃ 方法 2：你来问，我来读

我们既可以让学生随意发问，也可以分享对部分片段的解读。例如，学生可以针对书的封面、目录、具体章节、其中的人物或某个情节等随意发问。为什么书中的小狗叫"松果"？为什么部落都和"球"有关？海啸之后，部落会不会彻底灭亡？因为对书十分熟悉，教师可以有问必答，做到"兵来将挡，水来土掩"。而且，在回答问题的时候，教师还可以根据学生的需要和特点，用学生最想知道、最感兴趣的内容来应对。这样一来，学生的阅读欲望又增强了。

ஃ 方法 3：你来读，我来接

我们可以将书交给学生，让他随意读一段，我们接着往下叙述情节，讲清楚接下来故事会怎样发展，人物会有怎样的遭遇。每一个学生都会对这种活动形式充满好奇。

这种活动形式展示了教师的阅读自信，这种自信可以激发学生更为浓厚的阅读兴趣。

第三个话题：与学生做读书约定

古代的读书人在将自己心爱的书借给他人时，总要告知对方，要保持书的整洁，按时归还。越是真爱，越会珍惜。这一点给我们启发，我们可以在课堂的末尾阶段，和学生做一些约定。

不少教师会在整本书导读课结束后，将课堂上使用过的书送给学生，这个做法并不可行，显得过于随意。我们可以在下课前和学生约定："这本《拯救球球部落：令人捧腹的趣味教育故事》特别好看，我们即将召开一个阅读分享会，所以同学们要尽快阅读，争取在规定的时间内读完。"约定得越详细，越有助于激发学生的阅读兴趣。

相反，我们若随意地将书送给学生，学生"得来全不费工夫"，便不会珍惜。如今学生获取书本的渠道有很多，需要付出的努力却很少。导读课后的约定，正是有益的提醒，也是一种有效的教养。与其迎合学生，不如提出要求，引领学生。

第四个话题：拓宽学生的读书视野

在整本书导读课的最后，老师还可以向学生介绍其他的相关信息，再次激发学生阅读的兴趣。比如，我可以向学生介绍《拯救球球部落：令人捧腹的趣味教育故事》的创作感受。我和李明霞的合作并不是一帆风顺而是磕磕绊绊的。李明霞在云南，我在福建，我们白天照常上班，晚上才有时间打电话商量书稿，沟通创作的细节。有时候我们为了让这本书呈现出更加完美的状态争得面红耳赤，好几天都不交流。

我还可以介绍这本书的创作背景、文学界的评论及读者的阅读感受等。总之，我们要努力拓宽学生的读书视野，努力用我们对书本的认知再次激发学生阅读书本的热情。

如果我们将整本书导读课上得太像“课”，讲读法、讲程序、讲写法，可能不会让学生真正爱上阅读。相反，如果我们像朋友一样，向学生介绍一本自己十分熟悉的书，我相信学生会更加喜欢。

《海的女儿》内容全换了，教法能一成不变吗

我和青年教师备课时，发现教材中有一处极有意思的改动。统编小学语文教科书四年级下册第八单元的略读课文《海的女儿》题目没变，但内容完全换了。原先编者选择的是童话故事的结尾部分，如今更换为童话故事的开篇部分。内容上，来了个“大换血”。一时间，很多青年教师不知该如何教。

这时，有人提出“不要慌，按部就班就可以”“还是用老办法教吧，毕竟《海的女儿》依然是《海的女儿》”“瞧，换的是课文，教学目标并没有变”……

本单元的教学目标依然为“感受童话的奇妙，体会人物真善美的形象”，看起来我们可以不用做太大的调整。但青年教师在试教后发现，必须要做出改变。为什么？

第一，教内容，迟早会累死。

如果你认为这一课只是更换了内容，依然可以按原先的方式将新内容教好，那你就陷入“教教材”的误区了。将让学生学习课本内容、掌握课本内容视为教学目标，是一种误解。要知道内容千千万，随时可以替换。逐段教课文，即便教师不觉得辛苦，学生也会觉得辛苦。

第二，教套路，必须要停止。

有的老师主张，可以用最熟悉的套路来教。例如：读一读课文中的片段；找一找文中的修辞，品析字词，欣赏其中的好词好句；带着自己的理解和丰富的情感，再“美美地”读一读。课堂上书声琅琅，学生读这个，读那个，找这个，找那个……之后呢？老师顺势安排阅读《海的女儿》或者《安徒生童话集》的任务，完美实现“教一课，带几篇，读一本”的华丽转身。

实际上，简单复制教学流程是无法达到教学目标的。语文课的魅力来自于其自身的千变万化，如果将每一节课都装在同样的“模具”中，教学就丧失了艺术性，成为一种简单的“工业加工”。

第三，零散教，必须要抵制。

所谓“零散教”，就是从一篇课文中提取出各个知识点，进行“精准施教”。教和考密切相关，考什么就教什么，教什么就考什么。有时，教师甚至以考试命题的方式来教学。例如，考试中经常会出现“这句话，你是怎么理解的？”“你能从这句话中看出些什么？”“你从中感受到了什么？”部分教师在执教的时候，就从文本中提取出与考点相关的部分，让学生就事论事，用一定的答题套路进行训练。

语文课若“为考而教”，就偏离了教学的正轨。更不要说如今的考试形式多、变化大，绝非按既定套路照搬能够应对的。

因此，我们应积极面对教材的变化。我们结合统编小学语文教科书的编撰特色，提出《海的女儿》的教案设计与执教中的“三个瞄准”教学设想。提出这一设想的前提是充分理解单元教学目标，我们不妨再次细读单元教学目标：“感受童话的奇妙，体会人物真善美的形象。”

从单元教学目标中，我们至少可以解读出 5 个必须在教学中得到落实的小目标：①检索自己认为写得很好的文字；②感受语言描写的奇妙；③检索有关人物描写的文字；④感受文字中体现出来的人物品质；⑤形成对人物形象的全新认知。

基于对教学目标的理解，我们的“三个瞄准”分别为：第一，瞄准目标，设计学习活动；第二，瞄准学习活动，设计评价方案；第三，瞄准目标，设计教学流程。

第一，瞄准教学目标，设计学习活动

根据我们对教学目标的详细解读，学生在教学中要参与五类学习活动。

第一类活动：批注检索。例如，我们可以让学生在自主阅读之后做好批注，同时检索自己认为写得很奇妙的地方，检索有关人物描写的文字。

第二类活动：交流汇报。我们可以组织学生朗读检索出来的文字，并进行交流、汇报，充分开展同伴共学活动。

第三类活动：方法提炼。我们可以组织学生结合批注和检索的信息进行交流，让学生在充分经历学习过程之后，从学习实践中提炼出“如何感受文字的奇妙，如何体会人物形象”的基本方法。

第四类活动：方法运用。我们可以组织学生将提炼出的方法运用到未知的教学内容或者教师指定的内容中，让学生检验方法的可行性，并提出修正的设想。

第五类活动：记忆巩固。巩固本节课所学的方法，并将其运用到本单元的“故事新编”中。

第二，瞄准学习活动，设计评价方案

我们还要为上述五类学习活动，设计五个过程性评价方案。

第一个过程性评价方案：朗读展示。学生完成批注、检索后，我们可以通过朗读展示的方式，看学生的检索是否正确；通过检测学生的朗读效果，包括是否正确、通顺、流利等，检测学生在这一环节中的学习成效。

第二个过程性评价方案：目标理解。在个别学生进行交流汇报时，教师可以组织全体学生倾听，共同评估个体学习结果是否指向教学目标，能否有独特的见解。

第三个过程性评价方案：操作分析。鼓励学生运用提炼出的方法，并在运用过程中鉴定、总结、改良方法，评估方法是否与文本内容相契合，是否具有可推广性。

第四个过程性评价方案：对比检验。对比检验学生提炼出的方法在新一轮的学习中是否产生效果，为最后的迁移做好准备。

第五个过程性评价方案：成果公示。对学习成果进行公开展示，让学生将固化后的成果运用到即将到来的单元习作中。

第三，瞄准教学目标，设计教学流程

在充分理解教学目标，确定学习活动，并设计好过程性评价方案之后，我们还要对最终的学习结果进行检测与评估。本课最理想的学习结果：学生能表达感受——体会童话故事中的奇妙之处并能将感受表达出来；获得体会——能认识到童话故事中人物形象的真、善、美；获得方法——能总结方法，并在类似的学习情境中加以运用。结合以上对学习结果的预期，我们最后设计了由六个步骤构成的教学流程。

步骤一：速读检索。快速阅读全文，分享自己觉得奇妙的地方。

步骤二：交流分享。说一说小人鱼公主留给自己的印象。

步骤三：方法提炼。阅读童话故事，感受奇妙之处，提炼描写人物的基本方法。

步骤四：方法运用。借助方法，再读文本，感受人物的真、善、美。

步骤五：解决问题。进一步分析与理解人物的真与善。（基于文本，借助方法，联系自身体会。）

步骤六：学习总结。感受童话故事的奇妙，体会人物形象，激发对整本书的阅读兴趣。

《海的女儿》内容变了，教法也要变，这样才能产生教学的实效。但是，需要注意的是，教法变化再大，有一个根本与核心是不能动摇的，那就是教法必须基于对目标的理解。幸好，统编小学语文教科书（三到六年级）在单元导读中直接点明了教学目标，这让我们在理解教学目标时省去不少心力。教师要做的，就是对教学目标的细致解读。我们要知道：教学目标中涉及的概念是什么？学生需要掌握哪些？学生需要怎样执行？要形成的认知是什么？什么是需要不断建构的？教学目标中可迁移的是什么？学生未来还可以如何运用？

相信这样的理性分析可以帮助我们上出更具有艺术气息的语文课。

借鉴学习思维的研究成果，教授科学小品文

在统编小学语文教科书中，有为数不多的科学小品文。我之所以将其称为“科学小品文”，是因为我想回避“说明文”这一称谓。我认为以一种表达方式指代一种文体，有失偏颇。

不同类型的文章，要满足不同的教学需求，实现不同的教学价值。那么，教授这一类文章时，如何教得更专业，更有效，更能凸显其独特的教学价值？

我以统编小学语文教科书五年级上册第五单元的《太阳》为例，总结一下科学小品文在日常教学中的常规教法。

其一，极为重视文中的说明方法。

大部分教师在执教此课时，特别注重文中的说明方法，如举例子、列数字、做比较、打比方等。教师之所以在说明方法上下功夫，是因为本单元是习作单元，收录的主要是说明性文章。在单元导语中，叶圣陶先生的话，开宗明义地亮出了主题——“说明文以‘说明白了’为成功。”教材的编者在单元教学目标中也进行了提示——“阅读简单的说明性文章，了解基本的说明方法。”

从要达成的目标来看，重视文中的说明方法是合理的。

其二，不断强化文中的结论。

本文描述了太阳远、大、热的基本特征，说明了太阳对人类的巨

大影响。一些教师在教学中以讲授为主，将这些结论传递给学生，让学生百分之百地接受与认可。似乎学生接受得好、记得牢固，就能说明教学效果显著。

其三，通过朗读彰显情感。

虽然这篇文章是科学小品文，但在课堂上有激情地朗读个别段落，依然是主流教学手段。例如，本文的最后一个自然段是这样的：

地球上的光明和温暖都是太阳送来的。如果没有太阳，地球上将到处是黑暗，到处是寒冷，没有风、雪、雨、露，没有草、木、鸟、兽，自然也不会有人。一句话，没有太阳，就没有我们这个美丽可爱的世界。

一些教师指导学生将此段读得轻重缓急分明、荡气回肠、余音绕梁。在当前的小学语文课堂上，对朗读的重视与彰显似乎是不容置疑的，甚至有“实在讲不清楚时，就让学生读，准没错”这样的“应急攻略”在教师中广为流传。

我不完全反对常规教法，但总感觉这样教有三个遗憾。

遗憾一：没有发挥特殊文体的教学价值。在统编小学语文教科书中，与大多数文章相比，科学小品文是十分有特色的。若将对这一特殊文体的教学局限在个别、微观的句子中，不免有些“抓小放大”。

遗憾二：没有激活学生的思维。以传授信息为目的的教学，无法充分激活学生的思维。在课堂上，学生只要认真听，虚心学，用心记笔记，反复诵读巩固，就能达到教师的要求。但在这些学习活动中，学生的思维水平始终处于低阶状态，没有出现诸如比对、分析、理解、审视、鉴定等高阶思维。就像一部发动机还没开始真正运转，一直处于预热阶段。

遗憾三：学生没有获得“带得走”的本领。学生学完这一课，了解了这一课的内容，掌握了这一课使用的说明方法，所学的都局限在“这一课”中。若换一篇课文，又要再分析说明方法，再接收信息结论，再进行激情朗读……从学习的角度看，迁移无法发生。更严格地说，学生经过教学活动，没有获得“带得走”的本领，学习并未完成。

如何弥补遗憾，让科学小品文充分发挥教学价值？如何让这一文体对学生思维的启动与开发起到无可替代的作用？我们可以借鉴国际上对学习思维的研究成果。

教育心理学家琳达·埃尔德（Linda Elder）与批判性思维领域专家理查德·保罗（Richard Paul）在合著的《什么是分析性思维》一书中，提出了“思维活动包含八个基本要素”的观点。这一观点解释了人类思维活动的基本规律与思维的基本路径。人在思考时，“总会从某个视角出发，确立目的，提出假设，这些假设会带来影响和结果。为了回答问题、解决问题、化解矛盾，我们常需要用概念、理念和理论来解释数据、事实和经验。”[①] 也就是说，所有的思维活动都包含八个基本要素，分别是“确立目的，提出问题，使用信息，运用概念，做出推论，做出假设，产生影响，体现视角。”[②] 若将思维活动的过程与课文的解读与分析相结合，会产生怎样的教学效果呢？我尝试以《太阳》为例，重构教学。

第一，文章的主要目的是什么？

①② 埃尔德，保罗. 什么是分析性思维 [M]. 丁怡萌，夏登山，译. 北京：外语教学与研究出版社，2020: 3.

学生初步阅读课文之后，我们可以让学生思考：《太阳》的作者的写作意图是什么？作者努力要达到的目的是什么？明确目的是启动思维的第一步。

第二，作者提出的关键问题是什么？

我们可以组织学生思考：作者在写这篇文章时，最希望读者关注的关键问题是什么？学生会发现，在《太阳》一文中，太阳的特点以及太阳与人类的关系是作者最希望读者关注的问题。

第三，文章中最重要的信息是什么？

我们可以让学生在文中检索作者用哪些信息来支撑其主要观点。在科学小品文中，这些信息包括各种事实结论、经验描述、数据分析等。学生可以分类提取，也可以将其列成表格。最后，学生要比对不同类型信息产生的不同支撑效果。

第四，文章的主要推论是什么？

我们可以组织学生结合上述内容，确定作者在文章中推导出的重要结论。可以将主要推论形成关键性笔记，确保基本的学习成果。《太阳》的作者希望读者明白，太阳虽遥不可及，但与人类的关系极为密切。

第五，隐含在文中的主要假设是什么？

我们可以组织学生讨论分析作者提出观点是基于何种假设，这些假设是否站得住脚。例如，《太阳》一文的作者认为“如果没有太阳，地球上将到处是黑暗，到处是寒冷，没有风、雪、雨、露，没有草、木、鸟、兽，自然也不会有人。”如果这一假设不成立，人类与太阳的关系是否还能维系？

第六，如果否定这种推理思路，产生的影响是什么？

在学生的思维尽情驰骋时，我们还要适时地将其收束回来——如果否定或者忽视作者的推理，会产生什么后果？我们可以让学生再次审视《太阳》一文提供的信息，认识太阳与人类的关系。最后，将学习结果加以固定，确保学习有实际效果。

第七，文章的写作视角是什么？

视角在很大程度上影响着结论，学生明确了写作视角，能更为客观地理解文章。我们还可以让学生假设自己是作者，转换身份后也许就会有全新的结论。

以上为核心教学部分。教师可以结合实际情况进行教学，以确保学生掌握基础知识。

教师借鉴学习思维的研究成果重构教学，既充分顾及了科学小品文的文体特质，又凸显了科学探索与文章写作中最为珍贵的思维的价值。在学习过程中，学生的思维始终处于活跃状态，所进行的学习活动涉及信息检索、信息提取、信息加工、假设与推论、思维重构等，学习效果得到了保障。

五种方法，帮助学生在寓言学习中获取道理

寓言是一种特殊的文体。学习寓言故事，最重要的就是从故事中获取道理。但寓言往往不会直接告诉我们道理，我们需要在读懂故事、理解故事后，进行提取、加工、关联、内化。

统编小学语文教科书收录了多篇寓言故事。我结合教学实践，向大家介绍五种可操作的获取道理的方法。

其一，提取加工法

提取加工法是指从寓言故事中的关键词句里直接提取道理，再结合生活体验、具体事例进行理解。

例如，在统编小学语文教科书三年级下册第二单元的《鹿角和鹿腿》中，课文的最后一段话基本上已点出寓言的道理——“两只美丽的角差点儿让我送了命，可四条难看的腿却让我狮口逃生！”这句话的意思很明确，学生在阅读后可以直接提取。

提取并不代表获取，这句话是小鹿明白的道理。学生既没有长角，也没有四条难看的腿，他们需要对这句话进行进一步的加工。我们可以指导学生结合自己的理解，以及在生活中遇到的实际事例，对

这句话进行加工。美丽的鹿角，相当于自己喜爱的好看的东西，难看的鹿腿则正好相反，代表着样子不好看但很实用的东西。学生可以结合阅读感受，对“美感”与“实用”进行价值判断，将道理内化，获得自我认识的提升。

其二，词语扩展法

词语扩展法是指阅读完故事后，用一个词概括阅读体验，之后对这个词进行加工，并结合生活实际和具体事例总结出道理。因为寓言故事的写作目的多为告诫、警示、批判等，所以，使用词语扩展法常常会得到否定句。

例如，统编小学语文教科书三年级下册第二单元的《守株待兔》是一则寓言，我们可以让学生结合自己的理解，说一说“读了这则故事后，你感觉这个种田人怎么样”。学生结合阅读体验提炼的关键词是“懒惰”，加工后的词组就是“不能懒惰”。学生结合生活感受，就能得出寓意“人不应该懒惰，只有勤奋工作，才能获得自己想要的结果”。

我们还可以结合不同的关键词，得出不同的寓意。依然以《守株待兔》为例，有些学生根据阅读体验总结出的关键词是“侥幸”，添加否定词后组成“不能侥幸”，再结合生活体验得出的寓意为“不要迷恋侥幸，不要把偶然发生的事当作必然会发生的事，应该通过自己的努力，获取自己想要的结果”。

显而易见，这种方法适合教师在课堂教学中与学生互动时使用，教师和学生都可以在操作过程中看到学习正在发生，认知正在改变。

其三，事例分析法

事例分析法是指理解故事的情节后，对其进行辩证分析，总结道理。若寓言故事的情节曲折，且情节发展与道理的生成逻辑非常匹配，则比较适合使用事例分析法。

例如，统编小学语文教科书四年级上册第八单元的“故事二则”中，第一则故事为《扁鹊治病》。教学时，我们可以让学生仔细分析蔡桓侯的病是怎么发展的？扁鹊每次提出的治疗方案是什么？最终的结果是什么？我们要引导学生结合事例，总结出寓言中蕴藏的道理——“面对变化，要及时应对，遇到问题，要及时处理，不要讳疾忌医。”

学生初步获取道理之后，还可以结合自己的生活实际谈体会，将道理向生活中迁移。从故事中来，到生活中去，阅读寓言的意义不仅是获得道理，更重要的是在动态的运用中内化道理。道理不应该只停留在故事里，不应该只停留在文字中，而应在生活里被运用。

其四，文化探究法

文化探究法是指从寓言故事的文化背景中，探究其蕴含的深刻道理。文化背景包括故事的创作背景、故事的作者、作者的创作意图，以及在历史的发展中，人们对该故事的主流认识及产生的变化等。

例如，统编小学语文教科书五年级下册第六单元的寓言《自相矛盾》选自《韩非子·难一》。学生学习此文时，可以先了解韩非创作这则故事的历史文化背景，之后再去探寻寓言中的道理。韩非在《韩非子·难一》中指出："贤舜，则去尧之明察；圣尧，则去舜之德化，不可两得也。"他写《自相矛盾》，是希望通过说明矛与盾之间的关系，劝说统治者推行法治。了解文化背景后，学生能更好地理解这则故事蕴含的道理：人在说话做事时，要弄清楚事物之间的关系，不要前后矛盾，要自圆其说。

若是让学生自由阅读故事，不介绍文化背景，学生可能将本文蕴含的道理理解为不要吹牛，不要夸夸其谈。这固然没有错，但理解相对处于较浅的层次。了解文化背景之后，学生的理解会更进一步，逐渐走向深度学习。

其五，成语关联法

很多寓言故事中的道理已经成为成语，教学时我们可以从认识、记忆、运用成语入手，帮助学生获取寓言中的道理。

例如，统编小学语文教科书二年级下册的寓言故事《亡羊补牢》，其中的道理和不少成语相关，包括迷途知返、回头是岸、悬崖勒马等。学生对这些成语耳熟能详，且在日常写作、阅读中经常会遇到，学习寓言时可以结合成语理解道理。

使用这一方法时，我们还可以让学生理解与寓言中的道理意思相反的成语。例如，与亡羊补牢意思相反的成语包括未雨绸缪、防患未然等。这个方法还有助于学生做好相关的拓展与积累。例如，《守株待兔》这一单元的"语文园地"中就提供了邯郸学步、滥竽充数、掩耳盗铃、自相矛盾、刻舟求剑、画蛇添足、杞人忧天、井底之蛙、杯弓蛇影等几个成语，这些成语也都有相应的寓言故事。学生学习时可以关联、回顾、记忆，加深理解，形成积累。

记住，使用这五种方法的前提是读。读，才是学习寓言、获取道理的基础保障。可以让学生读得充分些，让学生多读几遍，正所谓“读书百遍，其义自见”。学生读得越充分，越能轻松、准确地获取道理。

简单的故事也可以被深度解读

不知道为什么，童话故事的作者似乎对兔子有偏见。特别是在入选教材的童话故事中，兔子的形象都不像我们想象中那么有智慧、善良、可爱，反倒是有点儿愚蠢、懒散。比如，《龟兔赛跑》中的兔子，千百年来不论怎么比，总是输给乌龟，而且是输在“跑步”这一强项上。再比如，在统编小学语文教科书二年级下册《大象的耳朵》中，最先向大象发出质疑的也是小兔子。在故事中小兔子认真地说：“你看，我的耳朵是竖着的，你的耳朵一定是出毛病了。”

在统编小学语文教科书一年级下册的课文《咕咚》中，兔子又是那个愚蠢的“带头大哥”，不但自己无端惊吓狂奔，还做了坏的榜样，领着小猴子、狐狸、山羊、小鹿和大象，一路奔跑。而兔子之所以狂跑是因为它害怕根本就不存在的恐怖怪兽——“咕咚”。

事实是怎样的呢？我们一起来看看这篇文章。深度解读教材后我们发现，可怜的兔子是被冤枉了。

兔子第一次遇见“咕咚”时并不知情，它因为害怕拔腿就跑，这是情有可原的。其一，它没看见是什么东西掉了下来；其二，它是一个人；其三，这声音确实很可怕，对于一只兔子来说，就是巨响。

兔子第二次遇见“咕咚”时情况就不同了。故事的结尾分明写道：“兔子领着大家来到湖边。正好又有一个木瓜从高高的树上掉进湖里，咕咚！大伙你看看我，我看看你，都笑了。”显然，这一回兔子知道是怎么回事了，而且是很多人一起见证。

这个故事中的兔子可笑吗？一点儿都不可笑——它在受到惊吓后奔跑，是出于本能。野牛拦住大家并问兔子“咕咚”在哪里，兔子如实地回答：“是我听见的，‘咕咚’就在那边的湖里。”它并没有说假话。而且我们要注意到是兔子领着大家来到湖边的，是兔子壮着胆子，带大家来到最恐怖的事发现场。兔子是在挑战让自己感到害怕的未解之谜。若这样的事发生在我们身上，我们起初也都会感到害怕，还未必有兔子又带大家回到事发现场的勇气。

我们做个大胆的设想，如果是那只在故事的转折处出现的野牛最先听到“咕咚”，它会怎么做？跑的时候会不会更加疯狂？会不会横冲直撞？沿途会不会撞到一些小动物？一切皆有可能。

我写本文并不是要为兔子“洗白”，而是想提醒各位教师，我们在解读教材时，应该多一份思考，多一份冷静，努力走向深度思维。只有教师深度解读教材，学生才可能进入深度学习。那么，我们怎么做才能回避惯性思维，走向深度思维呢？以下三个简单的操作设想可能会有帮助。

其一，不要轻易宣判

在教学时，教师不要轻易对兔子进行定性评价，不要一锤子定音地宣判“兔子是个莽撞的胆小鬼”。说兔子没脑子，便也显露出自身思维的浅薄。学生若将这样浅薄的思维迁移到日常学习中，将后患无穷。

其二，努力还原真相

很多教师没有细读文本，只注意了大致的情节。细读文本，你一定会发现事情的真相。例如，野牛在故事中发出三个询问。它首先问大象："'咕咚'在哪里，你看见了？"大象只说"没看见"。它又问大伙，大伙也都说没看见。它最后又问兔子，兔子很清晰地说："是我听见的，'咕咚'就在那边的湖里。"兔子认真陈述事实，精准指认地点，思路十分清晰。仅仅从这个角度看，兔子也不应被鄙视。

除了细读文本外，我们还要关注插画、课后练习等助学系统，努力还原真相。例如，从课文中的第一幅插画中我们可以发现，兔子是背对着"咕咚"拼命奔跑。可以推测出，它没有见到"咕咚"，只听到了恐怖的声音。而在第三幅插画中，兔子向野牛陈述了事发时的情况，并讲述了自己的真实感受。在最后一幅插画中，小动物们来到湖边，看到了"咕咚"，大家都笑了起来。小动物们是一种其乐融融的状态。可见，兔子、狐狸、猴子、小鹿、山羊、大象、野牛，其实都是一样的，它们的认知水平和心理状态是不相上下的。兔子并不是整个故事中的反面形象。

其三，认清阅读故事的意义

一些教师在阅读故事、讲解故事时，经常习惯性地讲道理。实际上，很少会有作家是为了讲道理而讲故事。相反，故事最大的意义就是让孩子们获得快乐。孩子们读出滋味，在读的过程中，感觉好玩儿、有趣，这就是故事最大的价值。《咕咚》这则民间故事在流传过程中，一定有无数的父母给自己的孩子讲述过，想必他们在讲述时一定是绘声绘色的。例如，那个“咕咚”的声音，经过讲述者的演绎，会变得更加恐怖；又如，小动物们一边跑一边叫：“快逃命啊，‘咕咚’来了！”经过讲述者的演绎，这个场面也许会更加有趣生动。这就是读故事的乐趣所在。其实，孩子们在阅读时明明知道“咕咚”就是木瓜掉进水中的声音，却依然觉得小动物们慌乱奔跑的状态十分有趣。

人们在讲故事时，很少会批判小兔子。而让人遗憾的是，故事一进入教材，进入教学，就成了我们进行说教的依据。这是我们在解读文本时，应该加以警惕的。读故事的初心，对故事价值的把握，应该成为教师深度备课时的关注点。

最后，我要替所有小兔子说一句：“请不要总让兔子‘背黑锅’了，好吗？”

第四章

备课时，请不断“蓄水”

通过“精修勤练”确保课堂学习效果

“双减”政策实施以来，大部分教学研究集中在“如何减轻学生不必要的负担”与“如何提升教学质量”两个关键点上。实际上，这两个关键点可以合并研究，因为二者有着同样的目标——让学生的学习更加科学，更为有效。

如何避免无效的重复，实现减负增效？很多一线教师将研究的重点放在三个方面：关注课程标准，研读教科书，关心学生的实际情况。其实，我们还可以从相对上位的学习科学的角度去思考。

学习科学专家、斯坦福大学教育学院院长丹尼尔 L. 施瓦茨（Daniel L. Schwartz）博士在他的《科学学习：斯坦福黄金学习法则》一书中，提出了“精修勤练”的学习方法指导。作者认为，“精修勤练（又称为刻意练习）指的是为了超越现状，而在某一项特定的技能或者概念上集中精力练习的学习方法。精修勤练可以大幅提高某项技能的水平，进而带动整体水平的显著提升。”①

“精修勤练”可以给教师的课堂教学带来哪些启发呢？

① 施瓦茨. 科学学习：斯坦福黄金学习法则 [M]. 郭曼文，译. 北京：机械工业出版社，2018: 89.

其一，精准锚定教学目标，减少不必要的损耗

大部分人学习都符合一个共同的规律——瞄准目标，才能学得到，才能有所提升。

以打篮球为例，有人认为，只要多打、多比赛，就能提升打篮球的水平。事实上，职业选手都有严格的赛事安排，还有强制的休息时间。如果一直打比赛，很快会到达瓶颈期。如何突破瓶颈？有经验的教练会让选手以退为进——暂时告别赛场，好好研究技术。这与画家作画类似，优秀的画家都是画一下，退一步，看一看，再继续画。

要让学生在学习上有所精进，不能一味地强制练习，也要讲究精准瞄靶。“精修勤练”中的“精”，意在提醒教师要明确教学目标，并以此为锚，定点、定量开展学习活动，这样才能不走弯路，减少不必要的损耗。如果一个球员投篮命中率不高，那么他不必全面练习，而是应瞄准提升投篮命中率这一目标，局部精准练习。

例如，统编小学语文教科书四年级上册第五单元的《爬天都峰》属于精读课文。本课的教学目标——学习课文“是按照什么顺序写的”“是怎么把‘我’爬山的过程写清楚的”。目标明确之后，教师应将教学重点放在对写作顺序的梳理与提取上，同时引导学生梳理作者如何写清楚爬山的过程。瞄准目标是提升认知的关键。

有学生提出疑问：为什么本文的题目为“爬天都峰”，而文中却不曾写到天都峰的美景？于是，有的教师在教学时补充了大量关于天都峰美景的图片、文字。其实，这都是本课学习中的“负担”，既干扰了学生的学习目标的达成，又增加了学生的认知负担。学习这篇课文的是四年级的学生，试想一下：学生既要了解天都峰的景色，又要掌握文章的写作顺序，还要顾及作者是如何写清楚爬山的过程的。如

此大的信息量将使学生的大脑“超载”“停机”。

其二，为保证学习过程的有效性，必要练习不可缺少

害怕认知超载，是否要主张“无为”呢？实施“双减”政策后，还需要强调练习吗？

练习带来的“负担感”是真切的。但去除练习，就等于剪除了学习的羽翼。我认为，破解困局的关键在于认清“必要”二字。

“一项针对各领域专家的研究表明，要想在现有水平上实现质的飞跃，真正需要的是科学的分析以及用心的努力，而不是单纯的机械式重复。”① 各行各业都要求从业人员具备一定的关键技能。因此，所谓“必要”的练习，就是让学生针对必须掌握的关键技能，进行集中练习。

在语文课堂上，什么是“必要”的练习？例如，统编小学语文教科书三年级上册第六单元的“习作”为“这儿真美”，其教学目标为“试着运用从课文中学到的方法，围绕一个意思写”。课堂上最为关键且必要的练习应围绕三个方面展开：首先，明确什么是段落中的核心意思；其次，明确怎样围绕这个核心意思选取内容；最后，明确如何将选取的内容转化为句子，并将这些句子串联起来，凸显段落的核心意思。

师生不但要练习，还要通过评价进行实时监控：核心意思表达出来了没有？句子能否突出这一意思？如果调整中心句，将其放在段首、段中或段后，其他句子能否做好相应的调整，围绕核心意思进行

① 施瓦茨. 科学学习：斯坦福黄金学习法则 [M]. 郭曼文，译. 北京：机械工业出版社，2018: 89.

表达？

“必要”的练习可以帮助学生达成目标。除此之外，其他练习都需要精简或删除。例如，教师在执教“这儿真美”时，可以不让学生写文章的开头和结尾，集中精力针对学习目标进行反复练习。

“双减”政策实施以来，练习的重要性可能被人们忽视了。一些人认为，大科学家、艺术家都是靠自身的天赋取得成就的。理查德·保罗与琳达·埃尔德在合著的《批判性思维与创造性思维》（第3版）一书中，通过大量的事例调研，为人们揭开了真相：天赋确实起到了一定的作用，但更多的是仰仗精准的练习。例如，亚里士多德在雅典的二十多年里，一直勤奋好学，整天泡在图书馆里；达·芬奇十几岁就来到佛罗伦萨，在画廊里做学徒、帮工，同时认真学习手艺；在一直被誉为天才的米开朗琪罗保留下来的练习稿中，出现了大量人物速写，还有很多壁画底稿，他曾针对一个人物造型进行过数十次的修改；科学巨人牛顿、达尔文、爱因斯坦，也都经历过刻苦的练习以及持之以恒的修炼。

由此可见，选取并设计“必要”的练习，以帮助学生尽快达成目标，才是减负的正道。

其三，科学合理地设计教学

为了减轻学生的课业负担，教师应科学合理地设计教学。

《科学学习：斯坦福黄金学习法则》一书中，列举了一个有趣的例子。人们设计不同的剪刀，是为了满足不同的需要。例如：裁缝剪刀的水平刀背可以贴在桌面上；儿童剪刀的圆形刀头能防止儿童意外戳伤；理发剪刀的手柄上有个小钩子，理发师可以抵住小拇指，从而进行更精确的操作；专业的美甲剪刀长柄短刃的特征非常有利于人们精确修剪坚硬的角质。

受这一例子的启发，我建议老师们实施分层教学，在减轻负担的同时提升教学效率。分层教学体现在三个方面。

第一，教授的知识由浅入深。心理学、脑科学、学习科学等领域的研究，都强调学习中的“内驱力”的重要性。我们可以将其理解为学习者在学习过程中的专注度、主动性等。在刚刚开始学习新知识时，教师应充分激活学生相对比较了解的旧知识，逐步牵引出新知识，以激发学生的信心与内驱力。例如，在执教“这儿真美”时，教师可以先解读“这儿”，再引导学生以“导游”“小主人”的身份，推介身边的美景，自信地描绘。相信这样的学习效果要比让他们生硬地表达更好。

第二，问题设计由易到难。课堂提问分为几种。第一种是随机进行的自由问答，教师问，学生随机答，这类问题可以活跃课堂氛围。第二种是较复杂的问题，教师提出问题后，学生进行小组合作，共同参与。第三种是焦点型的问题，需要师生共同探究，问题还可以延伸至其他学科，成为跨学科整合型的学习项目。

第三，对不同水平的学生实施不同的评价。对于学习有困难的学生，进行激励性评价；对于学有余力的学生，进行挑战式评价，可以邀请他们成为教学助理，让其分享思考过程，实行“兵教兵”；对于处于中游的学生，提出建设性评价，给他们指引方向，如告诉他们“还可以怎么做”“如何做会更好”。

总之，不论采用何种方法，只有正确地理解学习的本质，才能找到解决教学问题的金钥匙。

学生需要的是教练，不是评论家

凯利·盖勒格在《人人皆可为优秀写作者》中，针对作文评改提出了一些让有些教师很难接受的观点。例如，他认为让同伴间互相批改作文几乎是无效的；与学生进行两分钟的谈话，比花五分钟写下评语有效得多。

最让人难以接受的是，他认为我们不应该批改和评价学生的作文初稿。这是要剥夺教师的批改权吗？要知道，少了这个权利，我们就会感到慌乱：还能做什么？难道不需要做什么吗？其实，叶圣陶先生早就说了，“学生只有学会了自己改的本领，才能把文章写好”。只不过，叶圣陶先生说得比较委婉，而凯利·盖勒格说得比较直接、生硬。

凯利·盖勒格从《动物农庄》这部小说中得到灵感，总结出“成功培养青少年写作者的‘七诫’”，具体内容如下：

告诫一：记住所有的写作者特别是年轻写作者都非常脆弱。

告诫二：我们的首要目标是让每位学生的写作水平都有所提高。

告诫三：不要只着重修改问题，而是要帮助学生让他们掌握自己的写作技巧。

告诫四：别等到写作过程结束后才为学生提供反馈意见。

告诫五：辅导，辅导，再辅导。

告诫六：应该允许学生在设置评分标准时发表意见。

告诫七：如果你对前面的六大告诫太过于着急，你就会变得过于疯狂。[①]

我想重点论述其中的五条。

告诫一提醒我们，不要评价学生的作文初稿。凯利·盖勒格认为，当学生知道自己写出的任何一篇文章都会被老师评分、批改、纠错的时候，恐惧感会阻拦他们不断取得进步。

假如我们初学绘画，当我们费力地绘制一幅画时，旁边有一个样貌威严的人拿着成绩册准备打分，我们能接受吗？还是会在心里留下阴影？假如我们初学吹奏乐器，刚尝试演奏一首曲子，旁边便有一个样貌威严的人拿着成绩册准备打分，不停地挑毛病、说问题，我们能接受吗？答案不言而喻——不喜欢，很害怕。

和绘画、演奏一样，写作也需要技法练习。小学生是正儿八经的初学者。学生完成初稿后，最应该获得的应该是嘉奖，用句老话说就是“没有功劳也有苦劳”。因此，在学生的初稿中找缺点，进行分值评定，这种评估方式本身就欠缺考虑。

退一万步说，即便学生善于写作，具备写作天赋与才情，也难免有发挥失常的时候，这时他们更需要鼓励。而那些失败、问题，正是新手提升的空间。而且，当学生知道自己写的文章不会被放到评估者的放大镜下仔细检查时，也许能更开放、更自由地写。

必须承认，指出问题是极为必要的，毕竟学生是要获得提升的。只不过，对学生的作文初稿进行评价的方式无法取得理想的效果。实

① 盖勒格. 人人皆可为优秀写作者 [M]. 邓林，译. 上海：上海教育出版社，2020: 184-185.

践也证明了这一点，我们很少听说哪位学生的写作是在教师的初稿批改中获得进步的。

告诫一是所有观点的基础。原本这一条不需强调，但在实际操作中，我们越来越着急，迫切地希望学生能将每一篇习作都写好，最好能达到小作家的水平。因为抱有极高的期待，所以我们很容易忽略学生的特点：刚刚学习写作，写的是初稿，极其需要呵护。看似柔弱无力的告诫一实际上是最为基础的观念。确立了这个观念，我接下来要着重论述的其他四条才能看得明白。

告诫二、告诫三提醒我们，评改学生的习作，并不是简单地找出问题，而是要提升其写作水平。在此过程中，老师要全程参与，在写作的各个环节予以辅导。写作的问题总是出现在写作过程中的，而问题的解决也应在写作过程中。学生解决问题的过程，就是获得全新认知、提升写作技能的过程。另外，教师必须做出示范，因为在整个班级中，教师无疑是最优秀的作者。教师若能经常在学生面前示范如何写作，呈现优质的作品，展示高超的技巧，自然会对学生产生巨大影响。

告诫四提醒我们，要在文章的写作过程中恰当地辅导学生。凯利·盖勒格提出一个很有趣的观点——学生需要教练，而不是评论家。他在书中介绍的做法如下：

> 我不会批改他们所有的作文。一般的经验法则：学生的习作量是我实际上能评分的作文量的 4 倍。在学生写作的最初阶段，我专注于当他们的教练，而非评估者。[1]

① 盖勒格. 人人皆可为优秀写作者 [M]. 邓林，译. 上海：上海教育出版社，2020: 59.

教练该怎么当？我们可以从篮球教练身上得到启发。运动员在场内拼杀时，教练要时刻关注赛事的发展。没有任何一个教练会等球赛完了才进行指导，都是在球赛进行的过程中予以纠正、辅助。所以，在写作过程中，教师不应是悠闲的，在看到哪个学生有问题或看到大家存在共性的问题时，应及时叫停，与学生面谈。

篮球教练指导运动员，从来不会拿起笔写一段评语，而是结合具体情况进行口头指导，这就是之前所说的谈话。我们也可以与学生进行谈话，有针对性地提供问题解决方案。指导完之后呢？就像篮球教练叫停比赛进行指导后，比赛要继续进行。教师指导学生写作后，要让学生继续写。

经过这样的指导，最后的结果无论是好是坏都能被大家接受。因为在整个过程中，学生和老师都有判断，有应对，有尝试，都获得了成长。相反，倘若教师总是当“事后诸葛亮”，摆出一种“站着说话不腰疼”的姿态，便和学生之间有了隔阂，即便写下的评语很“人文”，也是于事无补的。

我最希望和大家分享的是告诫六——应该允许学生在设置评分标准时发表意见。以往我们总是居高临下，怎么评价教师说了算，评多少分也是教师说了算。而这一条提醒我们，可以和学生一起探讨、研制评分标准。这就如同几个人一起去旅行，大家事先商量好目的地，一起绘制路线图，才是一起旅行应有的姿态。若学生对评分标准心知肚明，那么朝着这个标准行进、达成目标不是更容易吗？相反，如果学生对评分标准毫不知情，就很可能遭到标准的惩罚。学生参与制定并完全理解评分标准，更有助于其提高写作水平。

学生写作真的需要关怀与保护。某一篇作文写得好不好并不重要，在写作中能力有所提升才是关键。学生需要教练，而不是评论家。

最棒的学习是启动元认知

减肥应该使用什么方法？是每天都吃得很少，还是到健身房狂练？挑战身体极限和折磨自己，都不是最佳方案。记住，我们要成功减肥，还需要满足一个重要的附加条件——不反弹。

营养学家的研究表明，那些成功减肥且不反弹的人，都坚持监测体重。多长时间监测一次呢？最好每日监测一次，至少每周监测一次。同时，成功减肥的人还关注每次进食摄入的卡路里数。这样做虽然枯燥无趣，但极为有效。

这种做法之所以有效，是因为符合成功内在的规律——坚持记录体重及摄入的热量，看起来很简单，但实质上是对自己过往的一种监控。而将这种监控组合起来后，便是对自身日常生活的素描。犹如照相一般，你可以清晰地看到自己，反思自己，之后形成对自己的全新认识。如此你才能调整方向，改变生活。持之以恒地认识自己、评价自己，对自己进行监控，就是针对自我的元认知。

元认知即心理学家所说的关于思考的思考。元认知不仅适用于减肥，同样也适用于学习。美国学者乌尔里希·伯泽尔（Ulrich Boser）在《有效学习》一书中也介绍了元认知，并做出了更详细的解释。他认为，元认知可以帮助我们“搞清楚我们的大脑是如何理解事物的”，帮助我们“掌握如何从思维活动的角度看待问题，从而对人们的认知行为多一点了解”[①]。

他说，从研究人员的研究结果看，有能力管理思维过程的学生，成绩远远超过那些智商超高的学生。这位研究人员说：“元认知对学习效果的影响占 40%，而智商方面的影响只占 25%。”[②]

学习中的元认知是指一个人在面对自己需要掌握的某种新的专业技能时，需要认识到：已经掌握了什么，需要学习什么，要做出哪些改变，过程将会是怎样的，如何做才能更加优秀。以写作为例，我们在组织一句话、一个段落的时候，经常会问自己这些关键的问题：我以何种身份写作？谁是我的目标读者？我的表达风格是怎样的？读者能理解我的意思吗？作者在写作过程中要不断地思考自己的观点、评估自己的论述，因此写作是一种应用元认知的学习活动。

我再以统编小学语文教科书中的习作教学为例。五年级下册第七单元中有一个写作任务是让学生写中国的世界文化遗产。不少学生认为，这次写作就是找材料、整理材料，最后抄材料。那些世界文化遗产自己未必去过，本次习作只是一次任务而已。当学生将写作当作必须完成的任务时，写作的意义就消亡了。而如果我们从元认知的角度引导学生重新去看待这次习作，启动其内在的写作动机，本次写作就可以成为有意思的学习活动。

我们首先要引导学生思考写作的目的是什么。这篇文章可以让读者了解中国的世界文化遗产，这是基础目的；这篇文章可以让读者对中国的世界文化遗产产生好奇、喜爱的情感，这是更高一层的目的；这篇文章还可以让读者了解中国的文化历史、文化现状、文化发展，这是更为深层的目的。目的不同，写作时选取的材料也就不同。

①② 伯泽尔. 有效学习 [M]. 张海龙，译. 北京：中信出版社，2018: 88, 89.

在写作前，我们还可以引导学生根据设定的不同目的，进行更为多样的思考。例如，搜集到材料后，是直接抄写，还是用自己的话转述？转述能否激发读者的喜爱之情？是单纯地介绍材料，还是把生活中的感受、体验融入文章？可否改换一种文体，或者将材料直接设计成导游词？再如，我们可以引导学生向本单元的《不可思议的金字塔》一文学习，使用图文结合的方式，让读者对中国的世界文化遗产的了解更为透彻。如果学生设定的写作目的中还有让读者通过阅读更加亲近传统文化，图文结合的方式无疑是很好的选择。

调整、尝试、改良，整个写作过程就是一个重构、创造的过程，是一次真正意义上的学习活动。

善于学习的人，能很自然、主动地启动元认知，让元认知随时发生。经验丰富的教师运用元认知的能力都很强。他们在处理某个问题的时候，会对这个问题的构成进行多方位的思考，会考虑给出的答案是否合理，会反思自己是如何得到这个答案的。

那么，青年教师如何在教学活动中尽快启动元认知？

我们首先要知道元认知由两部分组成。“第一部分是元认知的规划部分，即我怎么知道自己掌握了哪些知识？我的目标是什么？我需要更多的背景知识吗？第二部分是元认知的监控部分，即我可以用另外一种方式学习这个概念吗？我取得进步了吗？为什么我要做正在做的这件事情呢？”[①]

有了这样的认识后，在教学中，我们要注意以下几个方面。

第一，总结和了解已有经验。

教师应明确学生已有的经验是什么，已经形成的知识图谱是怎样

① 伯泽尔. 有效学习 [M]. 张海龙，译. 北京：中信出版社，2018: 88.

的，教师自己以往的教学经验有哪些可以延续。例如，在教学生描写人物时，教师应明确之前已经教过哪些知识，曾经用过哪些方法。总结和了解已有经验，是启动元认知的前提，也是调整元认知、充分发挥其作用的保障。

第二，理解并设定教学目标。

理解本次教学的目标，能使元认知更好地发挥作用。假如写作教学的目标是“学会如何通过环境描写来衬托人物的品质”，那么教师就应思考：要实现这一目标，学生还需要掌握哪些知识？学生对“环境”这一概念足够了解吗？有环境描写的样本可以参考吗？只有正确理解并设定目标，元认知才能更好地发挥作用。

第三，计划并反思学习过程。

总结和了解了已有经验，理解并设定好了目标，教师还应对学习过程加以设计并反思：在学习中，应如何逐步操作，才能实现目标？学生是否离目标更近一些了呢？学生是否掌握了这些知识，是否获得了提升呢？

当我们在教学中，更多地从元认知的角度去思考时，学习的效率就会更高，效果就会更好。

三级问题带你进入深度学习

“美国国家年度教师”获奖者莎娜·皮普斯（Shanna Peeples）在其著作《深度教学：运用苏格拉底式提问法有效开展备课设计和课堂教学》中，提出了“问题的三个层级”，这分别与本杰明·布卢姆的教育目标分类法及诺曼·韦伯（Norman L.Webb）的知识深度教学法相对应。[①]

理解“问题的三个层级”，将有助于我们设计出能促进学生不断迈向深度学习的问题。下面我将结合教学实践，探讨这三个层级的问题。

一级问题——手指思考

如果要给这一类问题做一个形象的解释，那就是用手指就能找出答案的问题。例如，教低年段学生时，我们常提出这样的问题：“朗读课文后想一想，课文写了谁？他在干什么？故事发生在什么地点、

① 皮普斯. 深度教学：运用苏格拉底式提问法有效开展备课设计和课堂教学 [M]. 张春依，田晋芳，译. 北京：中国青年出版社，2020：107.

什么时间？”学生需要在阅读后标注、提取、汇报。教授统编小学语文教科书二年级下册的《雷雨》时，教师让学生标注出作者在“雷雨前”“雷雨中”“雷雨后”分别写了什么景物；教授《蜘蛛开店》时，教师让学生借助书中的插图，梳理课文中都写了哪些顾客，这些顾客分别需要什么商品。这些都属于一级问题。

在本杰明·布卢姆的教育目标分类法中，一级问题属于“识记”和“理解”层次；在诺曼·韦伯的知识深度教学法中，一级问题属于“回忆 / 重现”层次。① 这类问题是学习的基础与起点，是绕不过去的，是学生必须思考的问题。

二级问题——头脑思考

莎娜·皮普斯形象地将这一级问题描述为“侦探问题”。一个专业的侦探到达案发现场后，不能指指点点，而是需要冷静地观察、分析、比对、推测，要动脑思考，要沉浸其中，要“好好想”。

教师提这一类问题时，常用的关键词是“为何”“如何”“怎么”，学生则需要直面文本，做出推断、分析，得出的答案也是丰富多彩的。在这个过程中，学生产生全新的理解，拥有创造性的思考。在本杰明·布卢姆的教育目标分类法中，二级问题属于“应用”和“分析”层次；在诺曼·韦伯的知识深度教学法中，二级问题属于“技能 / 概念”层次。②

①② 皮普斯. 深度教学：运用苏格拉底式提问法有效开展备课设计和课堂教学 [M]. 张春依，田晋芳，译. 北京：中国青年出版社，2020: 107.

例如，在统编小学语文教科书五年级下册第一单元的《梅花魂》中，自读提示要求学生说说自己对题目的理解。题目中的“魂”字是理解的重点。教师可以结合之前的阅读学习，让学生聚焦题目，从“魂”字出发，多方关联，表达自己的体会。学生的理解也许会呈现出不同的层次。例如，有的学生说梅花体现了外祖父的爱国精神。这一理解已涉及梅花的象征意义。有的学生从“魂”的本义出发，认为“魂”字说明外祖父希望在异国他乡去世后灵魂可以回到祖国，体现出他时刻眷恋祖国的情怀。这一理解充分观照了文本，联系了文本中的信息，是对本文的综合把握。还有的学生认为爱国精神已凝聚成梅花的芳香。这一理解更为综合、全面，更能体现学生对文本中蕴藏的情感的感悟。结果虽然不同，但都说明学生已在心中建立起有关“魂”的生动、个性化、多样化的概念。

三级问题——手脑并用

解决这一级问题，学生需要手脑并用才能获得答案。

学生回答此类问题时依然要从文本出发，但又不能拘泥于文本，必须超越文本，同时还要与其他问题或观点相联系，这还涉及学生对自我的认识，对周遭环境、对世界、对人生的认识。此类问题没有现成的答案，思考的结果将对个体成长产生重大的影响，属于“高利害性”的问题。

在本杰明·布卢姆的教育目标分类法中，三级问题大多属于“综合”和“评价”层次；在诺曼·韦伯的知识深度教学法中，三级问题属于“拓展性思考”层次。[①]

例如，在统编小学语文教科书五年级下册第六单元《田忌赛马》的教学中，教师可以提出一个很有意思的问题：在田忌赛马这件事中，谁是最终的大赢家？学生要基于一定的信息才能做出判断。学生要认识齐威王，了解他的治国执政理念，知道他不仅是一个雄心勃勃的君王，还善于纳谏。所以，他获得了像孙膑这样的人才，他就是大赢家。学生还要了解田忌和孙膑。田忌是一个武将，有了孙膑这位高级参谋，简直是如虎添翼，他也是大赢家。孙膑从一个门客成为国之军师，能实现自身的理想抱负，他也是大赢家。

思考这个问题时，学生需要查阅资料，了解相关的历史背景，对战国时期谋士、武将、君王三者的关系有理性的判断，还要结合自己对人生的理解进行综合思考。同时，还要特别注重对问题进行整体观照，上下关联，多方拓展；把问题当作一个大概念，根据这一大概念进行延伸、取证、分析、判断，得出创造性答案。因此，三级问题属于思考性极强的问题，需要“手脑并用”才能解答。“手”主要是指动手收集资料，整理资料，提取关键信息。可见，回答三级问题，也需要以一级问题、二级问题为基础。

在教学实践中，教师首先要明确问题的分级，并引导学生在不同层级的提问与思考中，实现自我升级，不断迈向深度学习。

我们常将小学分为三个学段，分别是第一学段（小学一、二年级）、第二学段（小学三、四年级）、第三学段（小学五、六年级）。

第一学段始于一级问题，也可以涉及二级问题。所以，在第一学

① 皮普斯. 深度教学：运用苏格拉底式提问法有效开展备课设计和课堂教学 [M]. 张春依，田晋芳，译. 北京：中国青年出版社，2020: 107.

段的课堂上，老师会让学生“找这个，找那个”“借助表格填这个，填那个”，这些基本上都是一级问题。

到了第二学段，我们不应停留在查找、标注的层面，而应更多地提出二级问题，真正的思考从这里开始。思考并不是没有章法可循、漫无目的的。我们在教学中要指出思考的路径，告诉学生怎样去发现问题；发现问题之后，如何分析问题，链接生活，最终解决问题。我们要帮助学生找到思考路径，帮助其建立起思考的模型。

在第三学段的教学中，我们应更多地使用三级问题。我们提出的问题，不能“一看便知”，也不能是“简单地做是非判断”，而应该要求学生有所思考。当然，三级问题并不排斥一级问题、二级问题，相反，三级问题包含着一级问题、二级问题，也可能是从一级问题推导出来的。学习活动应能促使学生进行更为深度的思考，学习的核心应是围绕问题展开的探索。整个学习过程不拘泥于课内，不局限于书本，既延伸到学生的日常生活，又对学生的人生观、世界观、价值观产生影响。

以上是关于问题的思考，旨在让学生进入深度学习。

青年教师应熟练掌握各种教学模式

一、教学模式对教师设计教学具有无可替代的作用

美国学者托马斯·H. 埃斯蒂斯（Thomas H. Estes）与苏珊·L. 明茨（Susan L. Mintz）在合著的《十大教学模式》（第7版）一书中，结合中小学案例，介绍了较为常用的十种教学模式。

如今的教学变得深不可测，教法花样百出，难以捉摸，而教学效果却又玄幻虚无，无法评估。导致这种现象的部分原因在于，我们过度聚焦教学本身，只盯着眼前，却在无意间忽视了教学模式的作用。事实上，青年教师进行教学设计时，简单、可行、便捷的教学模式具有无可替代的作用。教师只需按部就班、稍作改进，就可以做到得心应手。教学模式就像处方或蓝图，可以帮助教师达到预期的教学效果。

作者在《十大教学模式》（第7版）一书中，介绍了模式本身的特性：

①是反映了人类如何学习的研究成果。

②可以在之后的教学规划中得到运用。

③鼓励学生积极参与学习过程。

④带领学生经历特定的、有序的和可预见的教学环节。

⑤适用于广泛的、多元化的学生、年级和内容领域。

⑥有助于批判性思维发展，也有利于学术性内容和技能的形成发展。

⑦是成熟的专业工具，需要我们花时间学习和关注。①

这在为我们带来信心的同时，也为我们选择教学模式提供了参考。

我们在设计一节课时，可以使用多种教学模式吗？你一定会说："当然可以。"但此书中的另一个比喻，为如此"想当然"的回答按下了暂停键——"在计划做巧克力蛋糕时，有必要选择一个制作巧克力蛋糕的方法，而不是卤汁面或玉米煎饼的方法。"②

可见，我们选择采用哪一种教学模式主要取决于教学目标。教学模式本身不是万能的，它的目的是辅助学习，其实质就是一个指向特定结果的过程。从这一角度来看，采用哪种模式确实需要谨慎，我们要量"身"定制。此处的"身"包括学习目标、学习者的特质以及学习内容。

需要特别指出的是，不能唯模式而教。部分地区或学校尤其热衷于推广某一种教学模式，但一种模式根本不可能适合所有学生、适合每一节课，更不可能覆盖一个学科，更不要说统领所有学科。对模式本身的严重误解，使部分教师将模式凌驾于教学之上。我们应始终牢记，教学模式是为教学服务的。

①② 埃斯蒂斯，明茨. 十大教学模式：第 7 版 [M]. 盛群力，徐海英，冯建超，等，译. 上海：华东师范大学出版社，2020: 55-56.

二、如何用直接教学模式教授《端午粽》

接下来，我将以“十大经典模式”中最为经典的直接教学模式，完成统编小学语文教科书一年级下册的《端午粽》的教学设计。直接教学模式的基本步骤包括：

①复习已学旧知。

②陈述课时目标。

③呈现新课内容。

④提供指导性练习，评估学业表现，提供矫正性反馈。

⑤安排独立练习，评估学业表现，提供矫正性反馈。

⑥定期复习，必要时提供矫正性反馈。①

端午粽

一到端午节，外婆总会煮好一锅粽子，盼着我们回去。

粽子是用青青的箬竹叶包的，里面裹着白白的糯米，中间有一颗红红的枣。外婆一掀开锅盖，煮熟的粽子就飘出一股清香来。剥开粽叶，咬一口粽子，真是又黏又甜。

外婆包的粽子十分好吃，花样也多。除了红枣粽，还有红豆粽和鲜肉粽。我们在外婆家美滋滋地吃了之后，外婆还会装一小篮粽子要我们带回去，分给邻居吃。

长大了我才知道，人们端午节吃粽子，据说是为了纪念爱国诗人

① 埃斯蒂斯，明茨. 十大教学模式：第 7 版 [M]. 盛群力，徐海英，冯建超，等，译. 上海：华东师范大学出版社，2020: 63-71.

屈原。

本课第一次提出“读好长句子”这一教学目标，而在此之前，学生已经学习过如何朗读“带有感叹号的句子”“对话中的句子”。因此，在教学的导入环节，我们可以先复习已学旧知，将《端午粽》一文中的相关句子设计成带有感叹号的句子，或将其转换成对话中的语句，让学生进行朗读练习。当然，我们也可以对之前学过的句子进行复习和检测。

之后，我们向学生陈述目标。我们可以让学生关注课后练习的第一题，并告知学生本课学习的核心目标——读好长句子。

在复习完已学旧知识和指明教学目标后，我们就可以启动对新知识的学习了。为了帮助学生更顺利地朗读长句子，我们可以循序渐进，让学生先读好课文中带生字的词语，读好长句子中包含的词组，如“青青的箬竹叶”“裹着白白的糯米”“一颗红红的枣”等，为读好长句子做好准备。

接下来，我们和学生一起标注课文中的长句子，并提供示范指导。以“粽子是用青青的箬竹叶包的，里面裹着白白的糯米，中间有一颗红红的枣”这句为例，我们可以这样进行分步指导。

第一步：明确句子中写了哪些东西。这句话写了粽子叶，写了粽子中的糯米，写了粽子中间包着的枣。

第二步：明确作者是怎么写这句话的。这句话的写作顺序是从外到内，先写叶子，再写叶子包着的糯米，最后写中间的枣。作者使用了几个重叠词，包括“青青”“白白”“红红”。

第三步：通过示范，教给学生朗读的技巧。例如，读“青青的箬竹叶”时，中间的“的”字要读得轻巧。我们可以让学生尝试读课文中其他相似的地方，为读好长句子打下基础。

第四步：指导学生读整句话。我们要提示学生注意这句话中的两个逗号，调整好气息。

在完成以上步骤的过程中，教师要不断给予反馈，评估学生的表现，纠正学生的错误。在完成核心示范环节的教学后，安排独立练习环节，让学生读课文中的其他长句子。最后，组织学生进行展示。

第一课时的教学结束前，学生应能完整地朗读整篇课文。我们要争取让学生做到读得正确，读得通顺，读得流畅。

有的教师可能会问："为什么教学《端午粽》要使用直接教学模式？其他模式不适合吗？"

原因很简单——我们选择教学模式，既要考虑到教学目标的需要，也要基于学情，具体可以从两个方面对其进行理解与确证。

其一，选择直接教学模式是由《端午粽》一课的教学意义决定的。本课第一次提出"读好长句子"这一教学目标。因此，教师要示范，要指导，要讲授方法，要强调练习。直接教，最合适。

其二，选择直接教学模式是由学情特征决定的。本课出现在一年级下册的教科书中，学习者是小学一年级的儿童。他们的自主、合作、探究能力等相对薄弱，学习新知识的最佳方式就是教师给予样本后，他们再进行练习巩固。

直接教学模式虽然位列"十大经典模式"之首，但近几年来却饱受诟病。直接教学模式一定是低效的吗？目前，没有数据显示直接教学模式会带来不良的教学后果。事实上，教学模式本身不存在优劣，也不是大家所想的"新的就是好""旧的、传统的就不好"。真相是，只要是适合的，就是好的。

如何使用概念获得模式进行教学

一、概念获得模式是什么

在《十大教学模式》（第 7 版）一书中，作者介绍了经典的概念获得模式。从如今风靡教学一线的“单元统整”“项目式学习”“研究性学习”中，我们都能找到概念获得模式的影子。

如果说一线教师最为熟悉、最为常态化的直接教学模式是以演绎性思维为主导的话，那么概念获得模式就是以归纳性思维为主导。

概念获得模式的具体操作步骤如下：

①通过概念的基本特征选择和定义概念。

②形成概念的正例和反例。

③复习概念获得过程。

④提供实例。

⑤生成假设并持续实例 / 假设循环。

⑥形成概念名称和定义。

⑦提供检测实例以巩固理解定义。

⑧全班讨论概念形成的过程。[1]

这一模式的大致操作流程为：第一，明确学习目标，即知道要了解的概念是什么；第二，通过事例，建立起对概念认知的雏形；第三，将这一认知雏形放置在学习环境中，并进行验证。所谓验证，就是学习者不断尝试用概念解决问题，让雏形概念与环境不断交互，并且在此过程中，形成对概念更为完善、全面的认识；以及对雏形概念进行修补，让雏形概念的线条、轮廓逐渐明晰，直至成为一个清晰的概念。概念形成后，学生还可以将其放置在具体的环境中进行检验，看看获得的概念对不对、好不好、是否管用，进而对概念形成更为系统的认识。

有些教师可能会问："组织哪些学习项目时我们可以使用概念获得模式呢？"我们结合实践发现，具有以下三个特征的学习项目，适合使用概念获得模式。

第一，要学习新知识。

学生学习新知识，不能简单地以接受学习为主，而应该以发现、建构、归纳为主。学生年龄较小的时候，教师可以更多地直接讲授，还可以在讲授之后充分演绎。学生进入中高年级后，学习方式应该逐步以建构、归纳为主，使用概念获得模式的机会就多了。

第二，实践性较强。

一些学习项目实践性较强，学生需要掌握具体的操作路径及使用方法。这一类学习项目适合使用概念获得模式进行教学。操作程序本

① 埃斯蒂斯，明茨. 十大教学模式：第 7 版 [M]. 盛群力，徐海英，冯建超，等，译. 上海：华东师范大学出版社，2020: 86-91.

身与概念获得的流程对应，有利于教师进行整合设计。

第三，内涵较丰富。

有的学习项目内涵单一，学生不需要经历复杂的流程就可以建构。而有的学习项目内涵丰富，学生在不同的学习流程中能够有不同层次的理解，逐步迈向深度学习。内涵丰富的学习项目，适合使用概念获得模式进行教学。

有了模式，教学设计就简单了，效果也能有基本的保障，因为模式本身就是无数人经过多次实践总结出的最佳方案。

二、如何用概念获得模式教授《我们家的男子汉》

我以统编小学语文教科书四年级下册的课文《我们家的男子汉》为例，介绍概念获得模式的具体运用。本课所在单元的教学目标为“学习把握长文章的主要内容”。

《我们家的男子汉》为自读课文，自读要求：“尝试用较快的速度默读课文。结合课文中的小标题，说说为什么称这个孩子为‘男子汉’，作者对他有着怎样的情感。还可以给每个部分换个小标题。”学习前一篇课文《小英雄雨来》时，学生已经初步学习了拟小标题；本文的后一篇课文《芦花鞋》也提出了“为每个部分列出小标题”的要求。可见，本课训练意味较浓厚，写小标题就是本课最为核心的学习任务。

有关“小标题”这个概念，我们要引导学生明确：小标题是什么？如何拟小标题？小标题有什么功能？学生在学习这一概念的过程中，需要学习的陈述性知识是“什么是小标题”，需要经历的操作性程序是“如何拟小标题”。

明确了教学目标后，我们可以这样使用概念获得模式进行教学。

第一步：建立对小标题的基本特征的认识。

让学生根据自读提示默读课文，了解课文写了哪些内容，说说小男孩儿给自己留下了哪些较为深刻的印象。同时，结合小标题进行比对——小男孩儿给自己留下的印象和作者写的小标题是否匹配？小标题和课文的内容是否有一定的关联？

完成这一步教学后，学生可以初步明确小标题是什么。

第二步：完善对小标题的基本功能的认识。

组织学生对文中的小标题进行验证。以文中“他对食物的兴趣”片段为例，我们可以让学生细读文本，对照小标题和文字内容进行思考：作者写了哪些内容，为什么拟出这样的小标题？学生在自读后会发现，本段中所写的几个事件，都在说“他对所有的滋味都有兴趣”。例如，他吃饭吃得很好，吃的东西量很多、范围很广；他听说不吃青菜会死，便吃了很多青菜；当实在不能吃了的时候，他便吃自己的手指；最可爱的是，他想去少林寺当和尚，但在听说不能吃荤后，甚至问：“那么棒冰可以吃吗”……

学生在学习中，对小标题的概括功能进行了验证，不仅明确了小标题和文本的关系，还对小标题的拟定有了初步的印象。

第三步：整体把握小标题的特征。

《我们家的男子汉》一文中共有三个小标题。每个小标题各自独立，“管”着不同的内容。例如，第一个小标题概括了小男孩儿好吃的特点，第二个小标题概括了小男孩儿独立自主的性格，第三个小标题则展示了小男孩儿在面对生活挑战时的沉着。学生在学习过程中应该清晰地认识到：一篇文章中可以有多个小标题，各个小标题是互相独立的，将小标题组合起来，就构成了对全文的总体认识。

学生对小标题的功能与特征有了更完善的理解后，我们可以和学生共同归纳出小标题的四个特点。第一，能总结。小标题是对相关内容的总结。第二，可区别。不同的小标题分管不同的内容，不同内容之间互不兼容。第三，很简洁。我们应该用最简洁的话语拟定小标题。第四，好组合。将所有小标题叠加起来，恰好是全文的主要内容。

到此，小标题的概念基本建设完毕。

第四步：自主拟定小标题。

学生在形成概念后，还要在实践中加以运用。教师可以组织学生尝试自己根据课文中的三个片段，列出小标题。例如，有的学生将原文中的第一个小标题“他对食物的兴趣”改为“我们家的食神”，有的学生将原文中的第二个小标题“他对独立的要求”改为“不一样的购物历程”。

学生拟定小标题后，老师还可以让学生将自己拟定的小标题和课文中的小标题进行对比，学生会发现课文中列出的小标题特别注重语言格式的统一——都以“他”开头，集中展示小男孩儿的特点。这样的形式更加美观，也更方便读者阅读。于是，师生在原有基础上，又一次加深了对小标题这一概念的认识。

如何借“特殊作业”实现创意突围

统编小学语文教科书四年级下册第七单元的“习作”为“我的‘自画像’”。这是一个“老掉牙”的作文题，学生的写作思路往往难以突围。学生往往都能写出一篇文章，但大都写得很老套，极容易陷入陈旧的套路中。学生大都会写自己的样子、特长、喜好，最多配合事件来证明“这就是我”，仅此而已。

教材的编者已经预估到了这一问题，努力创设了一个特殊的情境——新来的班主任要认识同学们。编者希望让学生在这一特殊的情境下写作，实现突围。但学生写作的结果依旧不太理想，大部分学生的文章内容不变，套路明显。

如何破解这个问题？我偶然间在《深度教学：运用苏格拉底式提问法有效开展备课设计和课堂教学》一书中发现了一份独特的作业，一下子找到了破解的方法。作者基于“开学第一天”的情境，以“新任教师”的身份，设计了若干选项后让学生填写这份《开学第一天的作业》，以便了解学情：

你想让我怎么称呼你？

当我有关于你的好消息时，你想让我给谁打电话？请写下他们的名字。

你（在校内）最擅长什么？

你（在校外）最擅长什么？

你最近看的最喜欢的电影是什么？你为什么喜欢它？

如果你可以学习任何东西，你更想学习什么？

上学对你来说最容易的是什么？

上学对你来说最难的是什么？

你的朋友如何评价你？

你希望我了解你的什么？

你觉得分组学习怎么样？

当我们分组时，你想和谁分在一组？

当我们分组学习时，你觉得你会给谁惹麻烦，或者谁会给你惹麻烦？

你有什么问题要问我？我会在另一张纸上回答你。[①]

学生完成这份简单的作业之后，教师可以让学生选择其中一两项进行拓展写作。这时我们发现，学生很快便能完成这一老掉牙的作文，而且能写出很特别的“自画像”。例如，有的学生会和老师聊聊自己最喜欢看哪一部电影及喜欢看的原因，这就透露出他对生活、对学习的基本理念；有的学生会和老师说一说自己想学习什么，上学对自己来说容易的是什么，困难的是什么，这些话题直接和学生在学校的生活相关；有的学生会和老师说自己对分组学习的想法；有的学生会在作文中以特殊的方式告诉老师一些小秘密……

① 皮普斯. 深度教学：运用苏格拉底式提问法有效开展备课设计和课堂教学 [M]. 张春依，田晋芳，译. 北京：中国青年出版社，2020: 97-98.

大部分学生都能写出一篇自然、真实、有趣的文章。复盘本次写作实践，我们发现改变源于教师提供了“特殊的作业”这一支架。学生借助它在大脑中完成了对“新来的教师”这一读者的轮廓绘制，对作文内容的构思，以及对写作素材的选择，最终实现了写作思路的突围。这个案例能给我们帮助学生解决写作思路陈旧、作文不真实的问题，带来哪些启发呢？

第一，还原真实的语境

写作的对象不同，写作的任务不同，写作的内容与风格也要随之发生变化。本文的写作语境就是“新任班主任希望了解学生”。新任班主任最想了解的，也许不是你是否喜欢画画，是否能歌善舞，而是你在学习上最头疼的事，是你在班级生活中能发挥的特长，是你在生活中可能遇到的困难，是你的一些特别的小习惯、小爱好……语境带来的“变量”，就是构思突围的“出口”。学生需要在认真审题后，抓住题目中的新颖之处，进入真实的语境。学生喜欢按照套路写，但变化让他们必须做出改变。

第二，面对真正的读者

我们在写作时不仅要关注读者的身份，还要思考读者阅读文章的真实意图是什么。我们要结合读者的身份和阅读目的，调整文章的写作方式。罗伯特·J. 马扎诺在其《教育目标的新分类学》（第 2 版）

一书中提出了“精准教学体系”，强调每一次教学都要针对具体的目标，要实现认知的改变，所学在一定范围内要有适用性。这也为我们对真实读者的认定提供了重要参考。

在上述案例中，读者的身份特殊，需求特别。因此，学生在写作的时候不能偏离对读者需求的预估自说自话。同时，要努力用文字来满足读者的好奇心。一个班的同学都要向新老师进行自我介绍，介绍成功的标志就是老师阅读完文章后优先认识他。

我们要认识到，每一次写作都不是泛泛而谈，不是面对普罗大众的宣告，更不是漫无目的的自由书写。在写作中给学生过多的自由，会让学生丧失读者意识，与真实写作渐行渐远。相反，瞄定读者，确定写作意图，利用写作功能，让每一次写作都精准地实现既定的写作目的，才能更好地发挥习作的功能。

第三，寻找切入口

寻找切入口，就是让学生有话可写，爱写，写不停。学生在写作文时往往想要写得全面，但平均用力的文章，往往没有冲击力。与其如此，不如鼓励学生基于对写作情境的认识，考虑读者的需求，找准一个点，深挖下去。例如，莎娜·皮普斯设计的作业中有一条是“上学对你来说最难的是什么”，学生向新来的班主任做自我介绍时，可以重点抓住这一点来写：上学时，最困难的就是自己经常迟到；迟到是因为起床迟，起床迟的原因是晚上作业多，睡得迟；（读到这里，新老师就会警觉，也许会协调各科教师，调控作业量）迟到带来的结果是，同桌老是埋怨自己，组长认为自己给小组丢分了，也不喜欢自

己，自己在班级中的人气不高。（新老师也能从这里找到班级管理的突破口）

“宁凿一口井，不挖十条沟。”我们要告诉学生，写作时不要面面俱到，要找准感兴趣的“点”——我的需求、我的目标设定、我的表达意图、我的写作特长，集中写下去。找到自己能驾驭的，才能够发挥所长。

如何让学生在合作学习中真正形成“合力”

乔治·M. 雅各布斯（George M. Jacobs）、迈克尔·A. 帕瓦（Michael A. Power）、劳·范恩（Loh Wan Inn）合著的《合作学习：实用技能、基本原则及常见问题》一书中，介绍了关于合作学习的原则和方法。这些原则和方法若运用得当，能帮助学生学会合作，学会沟通，学会欣赏同伴、悦纳自我，并在合作的过程中加深对自我及世界的认识。

本书中提出的合作学习的 8 条原则如下：

①合作价值原则：合作不仅是一种学习方式，也是一种生活方式和人生态度。

②异质分组原则：学生应该广泛地与人合作，而不只是与那些他们想要合作的同伴在一起。

③积极互赖原则：“我为人人，人人为我”。

④责任到人原则：每个人都必须有看得见的行为表现，对小组的学习和成功有所贡献。

⑤同时互动原则：同伴互动同时发生，同伴之间能够互相解释，“自主地影响别人”。

⑥平等参与原则：人人参与，小组的每位成员都有机会表达自己

的想法并完成小组任务的一部分。

⑦合作技能原则：与他人协同工作的重要方面就是要具备与人合作的技能。

⑧小组自治原则：小组尝试独立解决问题，教师不再是学生的直接管理者。[①]

这些原则有助于我们发现课堂教学中合作学习的各种问题。

在一线教学实践中，合作学习一直被大家热议。很多时候，我们感叹合作学习的效果不佳。仔细思考就会发现，效果不佳的原因是我们在操作中没有恪守原则。

例如，“合作价值原则”。请注意，我们重视合作，不能仅把它当作一种形式。我们应认识到，合作既是学生未来适应生活所必须具备的能力，也是他们不断在生活中获取进步应有的态度。

又如，“异质分组原则”。即便是由教师划分小组，学生在合作时也很可能出现“马太效应”——强者更强，弱者更弱。在合作学习之前，我们应设定一定的合作规则，发挥小组合作的优势。

“责任到人原则”“同时互动原则”“平等参与原则”也应引起我们的重视。这三条原则都指向了合作中的每一个个体。在开展合作学习之前，我们必须弄清楚几个问题：每一个人在合作过程中应承担什么责任？该如何发挥自己的才能？小组成员怎样协同才能使小组的学习效果最好？在合作中如何与他人共享资源，取长补短？若这些问题没有想清楚，合作学习就会沦为一种形式。

① 雅各布斯，帕瓦，范恩. 合作学习：实用技能、基本原则及常见问题 [M]. 林晶晶，马兰，译. 宁波：宁波出版社，2018：前勒口.

有些教师在布置一个合作任务之后便潇洒地说："下面就以 4 人小组为单位，开始合作学习吧。"之后，教师在教室中游走一段时间，或看看手表，或直接将沙漏计时器等投屏显示，时间一到，学生即刻开始汇报。

请注意，在这个过程中学习时间被浪费了。学生在合作时做了什么？做得怎么样？教师没有进行有针对性的评估，合作的形式掩盖了合作背后的无效。

"小组自治原则"也应该引起我们的关注。合作是为了让小组成员尝试独立解决问题。小组中必须有管理者，管理者负责协调、组织小组成员。但在我们的课堂上，很多时候教师依然是管理者，监控着所有合作小组。看起来是学生各自在合作，实际上学生是以这样的形式配合教学流程的推进。

不少教师喜欢在公开课上组织合作学习，然而却经常遭遇效果不佳的尴尬，这种情况在异地借班上课时尤为突出。造成这种现象的根本原因在于，合作是一种需要培养才能形成的习惯，合作能力也是在培养中逐步提升的。教师在异地执教公开课时，对陌生班级的学情缺乏了解，自然无法把握合作的原则，学生的合作容易流于形式。我们观察后还发现，一些教师在课堂教学中为合作环节预留了过多时间，包括确定合作话题、划定合作分工等，这些教学时间原本应该被用于实现本课的教学目标。若从这个角度去反思，合作学习更适合日常的一线教学。如果在公开课中使用，课前必须有准备。

基于以上观察与分析，我给大家开展合作学习提出如下建议。

其一，让学生养成合作学习的习惯。让合作学习成为一种常态，让学生在日常班级教学中，养成合作的习惯。清晰划分好合作小组，确定合作中的具体分工。同时，每隔一段时间进行调整，注重落实

“异质分组原则”。

其二，明确合作学习中的细则。在教学前我们需要明确，每一个合作小组内，谁是组织者，谁应承担什么任务，谁能发挥什么职能。不仅教师要明确，组员也要明确。这是合作学习中最容易被遗忘，也是极为重要的一点。

其三，整合合作学习的成果。合作学习的成果极为丰富，我们应加以重视，对结果进行重整，提取结果中的同类项；对成果进行分类，区分成果中的差异性；对成果进行检验，将成果运用到新的学习情境中，让成果得以继续发酵，让学习得以持续推进。

例如，统编小学语文教科书五年级下册的《金字塔》所在单元的教学目标为“搜集资料，介绍一个地方”。教学中，我们可以组织学生合作，通过阅读本课中的散文《金字塔夕照》和《不可思议的金字塔》，充分体验“搜集资料”对了解对象的作用。合作中，有的学生注重从非连续性文本中提取“干货”；有的学生注重从对文学文本的体会中提炼；有的学生擅长从课外积累中提取；还有的学生结合实践经验，从奇闻逸事、小道消息中搜集资料……这就要求教师组织学生进一步合作，对结果进行统整加工，提取可供集体使用的信息，转化合作的成果。在提倡合作的同时，应尊重学生的个体差异，鼓励学生各尽其能；合作后，还要注意梳理。这样才能发挥合作学习的功能，真正形成合力。

在《合作学习：实用技能、基本原则及常见问题》一书中，作者还介绍了合作学习的优势，诸如提高学习成绩，增强学生的学习动机，增进学生的学习责任感，改进学生间的关系，提高学生的协作技能及欣赏和思考能力，为教师观察和评估学生的学习提供更多的机会，等等。有效的合作，可以显著提高学习质量。

我们不要仅仅将合作当成一种学习的方式和实现学习结果的过程，还要重视其长远的意义——改变学生的生活态度，加深学生对自我及世界的认识。

你的身体是个蓄水池，你压力大是因为水位太低

很多人一直在努力寻找以下几个问题的答案：为什么想什么都费劲？为什么想出一个创意这么伤神？为什么成功简直比登天还难？

如果用一句话将所有的“为什么”总结一下，就是为什么总觉得自己的水平低？

我原先以为，应该在热销的“成功学”图书中去获取这个问题的答案。没想到，我在一本纯粹的学术书中发现了这个问题的答案。美国芝加哥大学教育管理学教授约翰·富兰克林·博比特（John Franklin Bobbitt）于 1918 年出版了《课程》一书，课程论这一教育学的分支学科由此诞生。作为课程论的开山之作，本书的出版深刻影响了 20 世纪上半叶美国的课程改革运动。本书的第十四章“身体训练的基本职责”提出了一个有趣的观点——人的机体，可以被构想为一个能量的储蓄池。[①]

为了更好理解，我们也可以将身体看作蓄水池。蓄水不是最终目的，蓄水是为了释放。我们在做事的时候，体能就像蓄水池中的水，持续不断地通过各种各样的消耗通道流走。很显然，随着时间的推移，水位会越来越低。

① 博比特. 课程 [M]. 刘幸，译. 北京：教育科学出版社，2017：141-142.

水位低的时候，若非要输出，你就需要加大压力，水位越低，需要的压力越大，你就会感觉越累，什么都不顺。这就是我们做事做到一定的程度后，感觉付出太多、收获却很少，身体疲劳、精神压力巨大的原因。所以，如果你做事总是不成功，你应该意识到自己应尽快储蓄、尽快输入，提高水平。

董其昌在《画旨》中说："画家六法，一曰气韵生动。气韵不可学，此生而知之，自然天授。然亦有学得处，读万卷书，行万里路，胸中脱去尘浊，自然丘壑内营。"杜甫在《奉赠韦左丞丈二十二韵》中写道："读书破万卷，下笔如有神。"可见，中国古代的先贤们用两种方式来储蓄——"读万卷书，行万里路"。过去读书不方便，获取书籍的渠道不通畅，行万里路成为重要的途径。今天的我们，不仅可以在实践中获取智慧，还可以通过阅读提升自己。

人只要活着，就在消耗，自身的能量就在外流。

为了维持平衡，让自己的蓄水池处于高水平，我们需要不断汲取养分。我们要么在实践中成长，要么在阅读中成长。如果你两件事都不做，而是成天休闲、娱乐，无所事事，水平只会越来越低。因为人在玩乐时，身体处于极度兴奋的状态，精力消散得更快。

约翰·富兰克林·博比特认为，一个人清醒的时间是能量外泄的主要时段，所以，每个人都应在清醒的时刻汲取养分。作为现代人，我们还会指望"睡一觉，一切都会好起来"吗？你可能已经发现，带着压力睡下去，不到半夜就会清醒。在睡眠中疗伤、获得新的补充的愿望，往往会落空。

所以，我们要做的就是让每天获取的能量与消耗掉的能量基本相等，多做些提升自己水平的事，让自己更加强壮，让我们蓄水池的水保持在高位。接下来我想和大家分享我是如何让自己的蓄水池保持在一个基本恒定的状态的。

我喜欢在清早阅读、写作或者健身。

起床之后，我会为自己泡一壶茶。我是福建人，只要醒着，一天到晚，茶不离身。泡茶的时候，我会对时间进行统筹管理：先打开电脑，任凭我的“老爷机”慢慢启动；之后，我会去厨房烧水等待；电脑启动后，我一边随意浏览页面，一边等待水烧开。最优雅的闲暇时光出现在清早，茶香唤醒了我的大脑。

喝下第一杯茶后，我开始准备做三件事。第一件事，自然是写作。第二件事，必定是健身。目前，我的好状态都仰仗每个清早的几个固定动作。虽然很枯燥，但我很享受。进入中年以后，还能感受到肌肉饱胀时的酸爽，我特别得意。在健身的同时，我会听书。很多人听我的课时，会惊讶于我的知识容量——为什么我什么都懂一点儿？为什么其他人讲什么我都能接得上？秘密就在每个早上。每个人的时间都是固定的，但我们可以充分利用时间。第三件事，就是阅读，每天保证 15 分钟。

大家都在熟睡的时候，我已经清醒。于是，上天给我们每个人的 24 小时，在我这里实现了增值。我经常会联想起曾经看过的谍战片。特别是潜伏的特工在清早或深夜执行任务的画面，会浮现在我的眼前。我觉得自己就是一个特工，这种感觉真的很有意思。

清早，整个世界好像还没有清醒，此时我就是时间之王。因为静谧，所以纯粹。我可以将所有的注意力都集中在眼下的事情上，没有与同事闲聊的电话，没有单位催促任务的紧急电话，那些发在朋友圈里的信息我也可以忽略，因为没有人希望我这么早就给他回复。想要休息了，就喝一口茶，然后继续专注于眼前的任务。如此循环，非常高效。

我仅是介绍自己的做法，并非要求大家都这样做。我只是希望，你能够将自己的水平维持在“无压力输出”的状态。那时你可能就会感受到寻觅中的幸福。

图书在版编目（CIP）数据

备课是个技术活 / 何捷著 . -- 北京：中国人民大学出版社，2022.9

ISBN 978 - 7 - 300 - 30898 - 2

Ⅰ. ① 备…　Ⅱ. ① 何…　Ⅲ. ① 小学语文课—备课—教学研究—文集　Ⅳ. ① G623.202-53

中国版本图书馆 CIP 数据核字（2022）第 142654 号

备课是个技术活

何捷　著

Beike Shi Ge Jishu Huo

出版发行	中国人民大学出版社		
社　址	北京中关村大街 31 号	**邮政编码**	100080
电　话	010 － 62511242（总编室）		010 － 62511770（质管部）
	010 － 82501766（自营网店）		010 － 62514148（明德书店）
	010 － 62515195（销售部）		010 － 62515275（盗版举报）
网　址	http://www.crup.com.cn		
经　销	新华书店		
印　刷	北京华宇信诺印刷有限公司		
开　本	720 mm × 1000 mm　1/16	**版　次**	2022 年 9 月第 1 版
印　张	12.25　插页 1	**印　次**	2025 年 10 月第 4 次印刷
字　数	170 000	**定　价**	58.00 元